U0132079

掩藏在
唐代历史中的
日常与人生

孙骁　王丹　著

团结出版社
UNITY PRESS

图书在版编目（ＣＩＰ）数据

掩藏在唐代历史中的日常与人生 / 孙骁，王丹著
. -- 北京：团结出版社，2024.4
　　ISBN 978-7-5234-0442-3

　　Ⅰ . ①掩… Ⅱ . ①孙… ②王… Ⅲ . ①中国历史－研
究－唐代 Ⅳ . ① K242.07

中国国家版本馆 CIP 数据核字 (2023) 第 181197 号

出　版：团结出版社
　　　　（北京市东城区东皇城根南街 84 号　邮编：100006）
电　话：（010）65228880　65244790（出版社）
　　　　（010）65238766　85113874　65133603（发行部）
　　　　（010）65133603（邮购）
网　址：http://www.tjpress.com
E-mail：zb65244790@vip.163.com
　　　　tjcbsfxb@163.com（发行部邮购）
经　销：全国新华书店
印　装：三河市东方印刷有限公司

开　本：146mm×210mm　32 开
印　张：10.625
字　数：163 千字
版　次：2024 年 4 月　第 1 版
印　次：2024 年 4 月　第 1 次印刷

书　号：978-7-5234-0442-3
定　价：48.00 元

目　录

十 侠

附录

皇家

宫中行乐词

李白

卢橘为秦树，蒲桃出汉宫。

烟花宜落日，丝管醉春风。

笛奏龙吟水，箫鸣凤下空。

君王多乐事，还与万方同。

泰山封禅

开元十三年（725年），农历十月，一支大唐皇家车队从东都洛阳出发，赶赴山东泰山。出行者乃是当时的大唐皇帝李隆基，此时的他已有41岁了，但仍不乏英武之气。他所乘车驾名为"玉路"，青色车体，车尾镶玉，看起来华贵非凡。车队人马众多，除了文武百官与皇亲国戚，还有众多的随从与侍卫。车驾自洛阳出发，走了一月有余，始至泰山——山岳之下，皇帝随行的车仗蔓延百余里，令见者无不赞叹。李隆基在山脚下留下车队，与宰相和礼官一步步向着山巅而行。

李隆基此次率众前往泰山，是为了举行一次隆重的"封禅大典"——一种帝王祭祀天、地的仪式，肇始于先秦。在抵达泰山的次日，李隆基登上封禅台。他先祀昊天上帝于上坛，随后又祀五帝百神于下坛。完成这两项仪式之后，他将随身携带的玉册放入封禅台上的石匣之中，点火焚烧。随着火焰点燃，烟雾升腾，随从者山呼万岁，震动山谷。而泰山附近的山巅上，也隐约出现了一抹似烟似云的景云，令人炫目。至此，唐玄宗李隆基的封禅大典，即告圆满完成。

所谓"封禅"，实际上是两种不同的祭礼。封乃祭天之礼，是通过在泰山山顶上筑坛而进行的；禅乃祭地之礼，是在泰山附近的小山上筑坛。①虽然封禅之礼是帝王的祭祀礼仪，但是并非所有的帝王都举行过封禅大典，历史上举行过封禅大典的皇帝仅六位，分别是秦始皇、汉武帝、汉光武帝、唐高宗、唐玄宗和宋真宗。之所以只有此寥寥数人，自然与封禅大典的极高规格有一定关系。要举办这一仪式，若无雄厚的国力支撑，是很难完成的。这六位皇帝封禅的时期，大致上都处于各自王朝的鼎盛时代，分别为：秦一统六国、汉武盛世、光武中兴、永徽之治、开元盛世和咸平之治。其中唐玄宗举行封禅大典的时

---

① 《史记》卷二十八《封禅书》："此泰山上筑土为坛以祭天，报天之功，故曰封。此泰山下小山上除地，报地之功，故曰禅。"（汉）司马迁撰：《史记》，中华书局，1959 年版，第1355 页。

间，正是开元盛世时期。

在人们的普遍观念里，唐朝是中国古代最为辉煌灿烂的一个朝代，是王朝国家时期的顶峰，通常被冠以"盛唐"的头衔。从唐太宗李世民开创贞观之治，唐朝在稳定的政局之下呈现出经济复苏、文化繁荣发展的局面，到玄宗在位时，唐代国力达到极盛，被称为"开元盛世"。所谓"盛唐"，指的就是这一历史时期。

开元盛世的开创者，唐玄宗李隆基，是唐睿宗李旦第三子，别称李三郎。他自幼目睹宫廷权斗，并亲身经历了与姑母太平公主的权位之争，通过"先天政变"最终取得大权，得登大宝。即位之初的李隆基改元"开元"，在数年中励精图治，大唐国力迅速发展，最终呈现出盛世景象。在李隆基即位十三年后，即开元十三年（725 年），志得意满的他决定举行封禅大典，向天下昭告盛世的到来。于是就有了本文开头的一幕。

为了纪念这次封禅，表明"开元盛世"的政治抱负，玄宗亲笔书写了《纪泰山铭》。第二年的秋天，《纪泰山铭》被刻在泰山之巅的大观峰上，供世人瞻仰。如今，大观峰已经成为泰山的著名景点，而洋洋千言的《纪泰山铭》至今仍铭刻在泰山大观峰上，即泰山唐摩崖。

太平万年

公元 681 年，长安附近的万年县举行了一场盛大的婚礼，从长安城的兴安门一直到万年县城沿途均放置着火把，道路两旁的树木都被烧焦了。婚车到了万年县，由于县城路面太窄，无法通过，竟推倒城墙。这场婚礼的主角就是太平公主和薛绍。太平公主是武则天的小女儿。《新唐书》记载，太平公主长得体态丰硕，"方额广颐"，擅长谋略。武则天经常说太平公主很像她，非常宠爱这个女儿。太平公主虽然是女儿身，但在大唐的宫廷政治生活史上留下了浓墨重彩的痕迹。在中国古代传统的男尊女卑的观念里，女性是被排斥在政治生活之外的。而在大唐，却屡次出现皇后干政、公主参政的事件，女性参与政治，成为了唐代独特的历史现象。

游太平公主山庄

韩愈

公主当年欲占春，故将台榭押城闉。

欲知前面花多少，直到南山不属人。

在太平公主 8 岁的时候，武后就以太平公主为已故的外祖母荣国夫人杨氏祈福为名，让太平公主出家为女道士，"太平"即她的道号。虽然太平公主出家为道士，但却一直住在宫里。直到仪凤四年（679 年），吐蕃前来求和亲，想要娶太平公主。武后舍不得女儿，便以太平公主已出家为借口婉拒了。之后便在宫里修建了太平观，让太平公主住在观中。

如果太平公主一直保留道姑身份，那前面所说的万年县大婚又从何而来呢？太平公主作为一个足智多谋的女性，其婚姻之事也是由自己主动争取的。有一次太平公主穿着武官的衣服在唐高宗和武后面前跳舞，引得他们大笑。高宗和武后问她："你做不了武官，为何穿成这样？"她回答："把它赐给驸马可否？"太平公主就是这样表达了自己的待嫁之意。对于武后而言，太平公主是自己最疼爱的女儿，当然要为她精心挑选一个合适的驸马。最后，武后选中了城阳公主的儿子薛绍。或许，太平公主和薛绍度过了一段安宁的时光。但是这段婚姻并没有维持太久。688 年，薛绍由于哥哥薛顗参与李冲谋反之事，而受到牵连，被打入大牢，最终饿死在狱中。两年后，武后又把太平公主嫁给了自己的堂侄武攸暨。当时武攸暨已有婚配。为了让太平公主嫁给他，武后竟然命人杀死了他的妻子。

　　就在太平公主再婚的两个月后，武则天登上了帝位。作为在宫廷里成长起来的公主，太平对权谋斗争耳濡目染，并且常常与武则天共商政事。然而，武则天在位的大部分时间，太平公主并未对外袒露自己的政治野心，其政治生活是在暗中低调进行的。直到武周末年，太平公主才公开地参与到武李两家的政治斗争当中。太平公主虽然嫁到了武家，但在政治上，她却是李家的拥护者。太平公主在政坛中崭露头角，就是参与了神龙政变，在诛张昌宗、张易之二人中立了功。神龙政变后，武则天逊位于李显。按照唐朝的传统，公主食封不过三百，但由于诛二张有功，太平公主被封为镇国太平公主，封五千户。

武则天逊位后，朝廷经历了将近十年的内乱时期，直到玄宗即位后才逐渐恢复安定。这几年，同时也是太平公主在政坛叱咤风云的时期。这一时期也是大唐历史上诸公主争先恐后参与朝政的独特阶段。当时，诸公主打破了皇室女性不能开府置官的惯例，太平、长宁、安乐、宣城、新都、定安、金城七位公主，纷纷开府置官属，其中尤以太平公主的势力最为强盛。据《旧唐书》记载，先天年间，七位宰相有五位都是太平公主的门下之士。中宗在位时，韦皇后想要效仿武则天乱权，唯独忌惮深谋远虑的太平公主。

景龙四年（710年），韦后与安乐公主合谋毒死了李显，之后封锁消息，秘不发丧。韦后掌握了军政大权，临朝听政，激起了宫廷中又一轮剧烈的斗争。太平公主试图草拟中宗遗嘱，重新进行权力分配，但是遭到了韦后势力的强烈反对。太平公主加入了李隆基诛杀韦皇后的计划。韦后势力被清除后，太平公主拥立李旦为帝，成为睿宗朝廷中的功臣。睿宗加封太平公主万户，朝政之事均要听取她的意见。一时间，太平公主权倾朝野。

虽然在诛韦后之事中，李隆基和太平公主联手对敌，但并不代表这对姑侄从此就站在了同一阵营。也许起初，太平公主并没有把这个年轻的侄子放在眼里，但是当他入主东宫成为太子以后，太平公主迅速感受到了潜在的威胁。李隆基被立为太子后，马不停蹄地集合了一批锐意改革的臣僚，积极推行自己的政治改革计划。太子的改革，无可避免地触动了太平公主势力集团的利益，这使得太平公主感受到的威胁更为尖锐。为了保护自己的权力，太平公主不得不着手准备对付这位雄心勃勃的侄子。然而，对于睿宗来说，一方面，太平公主是自己的妹妹，在诛灭二张之事中立下了汗马功劳；另一方面，同时具备野心和能力的李隆基是自己的儿子，平衡太平公主和太子两方势力无疑是对朝政最有利的状态。显然，太平公主劝说睿宗改立太子是无法奏效的。在权谋斗争中历练多年的太平公主，对于自己的判断和掌控力是极为自信的，劝说不成，她便使人在宫中散布流言，说李隆基并非嫡长子，不具备成为太子的资格。李隆基也绝非坐以待毙之人。双方暗中角力，导致太平公主势力与太子势力之间的矛盾愈演愈烈。站在风暴中心的睿宗，作出了最终的抉择：让位于太子，但自己仍然掌握着军政大事的决定权。睿宗的这一行为，更加剧了太子和太平公主之间的矛盾，一场权力之间的斗争升级成为即将打响的战争。得知太平公主的起兵计划后，李隆基决定先发制人，于先天二年（713年）发动了"先天政变"，太平公主势力集团的党羽被一举诛灭，太平公主最终被赐死。此后，李隆基便牢牢掌握了政权。这一年，李隆基将年号改为"开元"，预示着自己的盛世宏图即将展开。

兴庆宫

　　玄宗在位时，常居住在兴庆宫。这里原本是玄宗做藩王时的府邸，经过数次扩建，俨然成为了玄宗时期的政治活动中心，是当时最具特色的皇宫。它见证了玄宗早年的朝乾夕惕，也伴随了他后来的沉湎奢靡。和"开元"这个著名的年号一起，成为了大唐历史中的一个文化符号。

　　兴庆宫兴盛一时，但最终却因唐末的战乱而废弃。至宋代时，宋人将兴庆宫的形貌绘制成平面图（《宋刻兴庆宫平面图石碑》），将兴庆宫的形貌保留下来。根据这份平面图，时至今日我们仍然可以一睹唐代兴庆宫的大致面貌：开元年间开凿的龙池，将兴庆宫分成两部分：龙池以北为宫殿建筑群，龙池以南则多为园林楼阁。勤政务本楼坐落于兴庆宫的西南角，这是玄宗处理政务的场所。勤政务本楼的西侧就是花萼相辉楼。龙池的东岸建有沉香亭。开元十六年（728年），兴庆宫取代了大明宫的地位，成为了唐代皇帝的听政之地。

　　随着盛唐时期经济的不断发展，唐代平民的生活水平大大提高，人们的文化娱乐形式日渐多种多样，潜移默化地影响着宫廷生活。兴庆宫既为行宫，不仅承担着政治中心的作用，还具有宴游的功能。例如，花萼相辉楼是玄宗宴请诸兄弟及群臣的地方，沉香亭则是玄宗与太真妃共赏牡丹花之所。而勤政务本楼，虽然是行政场所，但玄宗有时也会在这里欣赏音乐，观看百戏。

唐代皇宫设置了专门的乐舞机构——教坊，网罗各地的乐工、舞伎等人，让他们在宫廷中表演。开元年间，教坊中有一位叫作王大娘的艺人，就曾经在勤政务本楼前表演过"百尺竿"——一种古老的传统高空杂技：艺人手托百尺长竿起舞，竿顶上固定有做成仙境一般的假山，让一儿童在假山上表演歌舞。舞竿者与竿顶儿童的无间配合，令观看表演的玄宗和妃嫔的欢笑声久久不散。

当时在场观戏的人群中，有一位神童刘晏，他自幼聪颖过人，深得杨贵妃喜爱。贵妃令刘晏以王大娘舞百尺竿作诗，年方十岁的刘晏吟道："楼前百戏竞争新，唯有长竿妙入神。谁谓绮罗翻有力，犹自嫌轻更著人。"一首《咏王大娘戴竿》，让盛唐艺人的风姿与浮华的唐代宫廷生活一起被吟诵千载，可谓一段佳话。

花萼相辉楼的名称出自《诗经》中的《小雅·棠棣》"常棣之华，鄂不𬗋𬗋。凡今之人，莫如兄弟"，"花萼相辉"一词，用来象征玄宗与诸兄弟之间深厚的手足情谊。实际上，玄宗也确实经常在这里宴请诸兄弟。有一次，玄宗登上花萼相辉楼，听到了诸王奏乐的声音，就诏诸王登楼，同榻赏乐言欢。这一事迹被记录在《长安志》中。宰相张说作《奉和圣制暇日与兄弟同游兴庆宫作应制》"棣华歌尚在，桐叶戏仍传""永言形友爱，万国共周旋"，即赞颂玄宗与诸王之间如花复萼、萼承花的兄弟情。

除了宴请兄弟以外，花萼相辉楼也是玄宗的观景之所。因兴庆宫临近东市，花萼相辉楼可以一览长安街景，故而每年的上元节，长安举行花灯会时，玄宗便会登上花萼相辉楼观赏花灯，而此时不计其数的平民百姓也都慕名前来目睹皇帝的仪容。开元年间，皇室与百姓几乎每年都在上元节这一日共同享受盛世华光。如此一来，上元节当天的花萼相辉楼在节庆中成为了沟通朝廷与百姓的场所。除了上元节，每年玄宗的生日宴这里也会表演歌舞。在开元年间，玄宗的生日也是一个重要节日——千秋节。每逢千秋节时，花萼相辉楼的庆祝活动尤为隆重，不仅有各色歌舞、百戏，还有玄宗喜好的舞马。千秋节的盛景，后来被晚唐诗人郑嵎写成《津阳门诗》：

千秋御节在八月，会同万国朝华夷。

花萼楼南大合乐，八音九奏鸾来仪。

都卢寻橦诚龌龊，公孙剑伎方神奇。

马知舞彻下床榻，人惜曲终更羽衣。

诗中书写了前来朝贺的外国使节，纵歌舞剑的艺人，吟诗作赋的文人墨客。他们与花萼相辉楼上稳坐的玄宗一起，共享盛世的太平之景。

龙池东岸的沉香亭，也是兴庆宫中一景。此亭用沉香木建成，故名"沉香"。沉香亭之美，并不只因亭子本身，更多是因亭前的诸色牡丹。据载，杨贵妃极爱牡丹花。开元年间，皇宫里搜集了各地的名贵牡丹，养成红色、紫色、浅红、纯白四种名贵的品种，移植到沉香亭，供杨贵妃与玄宗观赏。杨贵妃赏花是宫廷中的一件颇为重大的事，不仅需要从梨园子弟中精心挑选出众的人前来和歌，甚至还要御用诗人现场赋诗。一次，正值牡丹花盛放之际，玄宗与杨贵妃到沉香亭观赏，在李龟年手持檀板正要领唱的时候，玄宗说道："赏名花，对妃子，焉用旧乐词为？"[①]玄宗立即命令李龟年手持金花笺，宣李白进《清平调》。据说，李白被宣来的时候，宿醉未醒，乘着醉意，写下了流传至今的《清平调》三首。其中一首"名花倾国两相欢，常得君王带笑看。解释春风无限恨，沉香亭北倚栏杆"，惟妙惟肖描摹了玄宗与杨贵妃共赏牡丹的情景。李白的《清平调》写成之后，玄宗就催促李龟年和梨园子弟演唱。玄宗亲自吹笛伴奏，贵妃则用玻璃七宝杯笑饮凉州的葡萄酒。

　　正因为杨贵妃的热爱，种植、观赏牡丹花成为了唐代的风尚潮流。以至于在唐代很长一段时间内，"花"指的就是牡

---

① 《全唐诗》卷一六四《李白四·清平调词三首》注，中华书局，1999 年版，第 1704 页。

丹。在玄宗与杨贵妃的示范作用之下，长安城里的达官显贵趋之若鹜，纷纷追捧、竞养牡丹花。白居易曾为此事写下《买花》一诗：

> 帝城春欲暮，喧喧车马度。
>
> 共道牡丹时，相随买花去。
>
> 贵贱无常价，酬直看花数。
>
> 灼灼百朵红，戋戋五束素。
>
> 上张幄幕庇，旁织笆篱护。
>
> 水洒复泥封，移来色如故。
>
> 家家习为俗，人人迷不悟。
>
> 有一田舍翁，偶来买花处。
>
> 低头独长叹，此叹无人喻。
>
> 一丛深色花，十户中人赋。

当时的贵族、官员们以搜集名贵牡丹为荣，到了相当狂热的程度。随着这一风尚的发酵，唐代的牡丹花价值高昂得令人咋舌，一时间洛阳"花"贵，隐成风俗。

这些旧时宫阙与宫廷旧事，随着唐长安城的废弃，只留下史籍中的褪色图景和诗词中的盛唐景象供人怀想。直到二十世纪中叶，兴庆宫公园得以重建，重修的沉香亭与花萼相辉楼虽然已不全是旧时模样，但它们依旧重述着那段有关盛世的记忆。

贵妃故事

　　玄宗与杨贵妃之间缠绵凄恻的爱情故事是唐宋诗人争相吟咏的对象，甚至成为了唐代的诗人练笔时的固定题目。"诗仙"李白、"诗圣"杜甫都写下了吟咏杨贵妃的传世之作，中唐时期的刘禹锡、元稹、白居易等都书写过杨贵妃，到了晚唐，据统计至少有 40 位诗人留下了书写杨贵妃的诗歌。不仅诗歌体裁眷顾杨贵妃，坊间还出现了很多与她相关的传奇、传记、野史。正因有关杨贵妃的许多著名的文学作品流传至今，使得这位盛唐时期的妃子成为了家喻户晓的人物。文人雅士为何乐此不疲地书写杨贵妃这样一个后妃？她经历了怎样的传奇一生？

　　开元二十五年（737 年），深得玄宗宠爱的武惠妃去世。玄宗追册武惠妃为皇后。武惠妃去世后，玄宗郁郁寡欢，后宫竟无一人称意。有人进言，当时还是寿王妃的杨玉环天生丽质，"宜充掖廷"。杨玉环便奉诏入宫，由此开启了与唐玄宗之间这段具有传奇色彩的悲剧故事。白居易在长诗《长恨歌》中写道：

汉皇重色思倾国，御宇多年求不得。

杨家有女初长成，养在深闺人未识。

天生丽质难自弃，一朝选在君王侧。

回眸一笑百媚生，六宫粉黛无颜色。

杨玉环出身名门，其高祖是隋代上柱国、吏部尚书杨汪。杨玉环幼年丧父，由叔父抚养长大。她生得明眸皓齿，不但通晓音律、擅长歌舞，而且智慧聪颖，善解帝意。玄宗对她的喜爱达到了"三千宠爱在一身"的程度。据《太平广记》所述，玄宗初见杨玉环时，即沉醉于她的倾国倾城之貌，所谓"鬓发腻理，纤秾中度，举止闲冶"。她的雍容华贵之态宛若汉武帝的宠妃李夫人。于是玄宗命乐工弹奏新谱的《霓裳羽衣曲》，把一支金钗作为定情信物赐给杨玉环，并且亲手为她插在头发上。3年后，玄宗以为母亲窦太后祈福的名义，敕令杨玉环出家为女道士，道号"太真"。杨玉环便在皇宫里做了五年的"杨太真"。但是，宫里都称她为"娘子"，实际的礼遇与皇后无异。天宝四年（745年），唐玄宗为寿王另立王妃，之后就理所当然地册立杨玉环为贵妃。

　　正因为杨玉环得到了玄宗的恩宠，整个杨氏家族也随之兴盛发达。当时街坊里巷流传着几句打油诗："生女勿悲酸，生男勿欢喜，男不封侯女作妃，君看女却为门楣"。[①]玄宗封杨玉环的三个姐姐为韩国夫人、虢国夫人、秦国夫人，并且每月分别赏给她们的脂粉费多达十万钱。不仅如此，她的这几位姐姐出入皇宫禁内颇为自由，而且还经常跟随玄宗到华清宫游宴避寒。杨贵妃的兄弟也都升官加爵，尤其是杨钊，他原本是一个市井无赖之徒，凭借杨玉环的贵妃身份而获得眷顾，赐名国忠，一度权倾朝野。杨家因贵妃得势，她的几位姐姐入宫时，持盈公主等人甚至不敢就座。得到玄宗恩宠的杨家，可谓是鸡犬升天，各地请托奉承，四面八方前来结交的人络绎不绝，杨家一时间门庭若市。

　　据《新唐书》记载，贵妃出宫游幸的时候，由高力士亲自为她牵马执鞭。皇宫里专门为贵妃做衣服、首饰的工匠就有千

　　由于多年的勤政，玄宗开创了开元盛世，国力强盛，边疆局势趋于稳定，"四夷渐服，万国来朝"。年过五旬的玄宗也渐渐满足于国泰民安的现状，将国事交给臣僚处理，自己则沉溺后宫，深居游宴。如此，玄宗与杨贵妃度过了十余年的时光。

　　但是，盛世的表面背后蕴藏着一场巨大的危机。一般来说，后人通常将唐代的历史分为前后两部分。唐代自 618 年李渊灭隋称帝至 907 年朱温篡唐，历时 289 年。以"安史之乱"（755—763 年）为分水岭，唐代前半段繁荣兴盛，后半段则黯然失色。致使盛唐衰落的"安史之乱"，源于藩镇之祸。所谓藩镇，指的是戍守边疆地区的军镇，最高统帅被称作节度使。太宗、高宗时期，唐朝屡开疆土，先后平定辽东、东突厥、西突厥、吐谷浑等地，并将其纳入王朝的疆域。为了经略辽阔的疆域，维持边疆族群地区的稳定，唐玄宗于开元十年在边疆地区设置十个兵镇，由九个节度使和一个经略使管理，藩镇便由此得到了迅速发展。天宝十四年（755 年），范阳、平卢、河东三镇节度使安禄山，集结 20 万兵力，以"忧国之危"、奉密诏讨伐杨国忠为借口，在范阳起兵反叛。此即唐代历史的重要分水岭——"安史之乱"。

安禄山起兵半年后，唐军败于潼关，统军大将哥舒翰被俘，长安随即失陷。玄宗携杨贵妃一行仓皇出逃，南下四川避难。出了长安城，行至马嵬驿时，陈玄礼等人发动兵变，诛杀杨国忠，以杨贵妃为祸国红颜，逼迫玄宗将其处死。玄宗无奈，只能命贵妃自尽，杨贵妃最终香消玉殒，缢死在马嵬路祠之下。

玄宗继续南下四川，经过终南山斜谷的时候，下了十几天的连绵大雨，在栈道雨声中听铃音。玄宗悼念贵妃，用雨中铃声谱曲为《雨霖铃》。当时梨园子弟最擅长觱篥（胡人的一种管乐器）的人就是张野狐。此人跟随玄宗至四川。到了华清宫，玄宗在望京楼命张野狐奏《雨霖铃》。曲子还没过半，玄宗就已潸然泪下。①

杨贵妃死后多年，"安史之乱"已经结束。玄宗重返长安，去往华清宫故地重游。他此时年事已高，乘着步辇，早已不复当初意气风发的模样。闻声前来迎接玄宗的父老乡亲问道："以

---

①　（唐）郑处诲：《明皇杂录》补遗，（唐）王仁裕撰，丁如明辑校：《开元天宝遗事十种》，上海古籍出版社，1985 年版，第 36 页。

前上皇路过此地的时候，经常追逐猎物，如今怎么不追了？"玄宗回答说："我已经老了，哪里还能追逐猎物呢？"此语引来父老乡亲的一阵悲戚。新丰市有一个名叫谢阿蛮的女伶人，会跳《凌波曲》，昔年深得杨贵妃的喜爱。玄宗把谢阿蛮召进华清宫。一曲舞罢，谢阿蛮将杨贵妃生前赏她的手镯交给玄宗。玄宗睹物思人，以至痛哭流涕。[①]

兴庆宫见证了唐代最为鼎盛的开元盛世，也见证了盛世背后迅速生长的危机。"安史之乱"爆发后，兴庆宫失去了政治中心的地位。当在四川躲避祸乱的玄宗再次回到兴庆宫时，迎接他的不过是一番物是人非的萧瑟光景。龙池里荡漾的水波一如往常，沉香亭里的各色花卉依然争奇斗艳，但诸王的笑声、杨贵妃的音容已消散得无影无踪。再回到长安的玄宗趁着夜色来到勤政务本楼前，拾级而上，凭栏南望，触景生情之下，这位垂垂老矣的太上皇唱了一首卢思道的边塞诗《从军行》"庭前琪树已堪攀，塞外征夫久未还"。失去了权力的玄宗，余生的意

① （唐）郑处海：《明皇杂录》补遗，（唐）王仁裕撰：《开元天宝遗事十种》，丁如明辑校，上海古籍出版社，1985年版，第36页。

义似乎只剩下凭吊往昔。侍候玄宗的高力士洞悉了他的意念，遍寻长安城，从坊间找来以往曾在宫中演出的梨园子弟。玄宗在月色里登上勤政务本楼观戏，仿佛和以往并无不同，只是这次没有了簇拥的人群，伴随在玄宗左右的只剩下高力士和杨贵妃的一个名叫红桃的侍女。这次唱的曲目是贵妃所制的《凉州词》，玄宗亲自吹笛为歌者伴奏。曲终后，玄宗、高力士、红桃等人相顾无言，掩面而泣。

　　李、杨二人的爱情故事被时人加以创作，衍生出了众多的文学作品。一位名叫陈鸿的秀才所撰《长恨传》在史实基础上添加了很多的艺术想象，为二人创造了方士访太真仙子，玉妃念及七夕玄宗许下世世为夫妇誓言等情节，成为了后世叙写李、杨爱情故事的蓝本。例如白居易在《长恨歌》中所写：

　　为感君王辗转思，遂教方士殷勤觅。……七月七日长生殿，夜半无人私语时。在天愿作比翼鸟，在地愿为连理枝。天长地久有时尽，此恨绵绵无绝期。

　　玄宗的统治自"先天政变"开始到"安史之乱"为止，一场叛乱使得玄宗的皇帝荣耀走到尽头。晚年的玄宗在对杨贵妃的怀念中似乎也寄托了盛世已逝的哀思。

官场

行路难·其一

李白

金樽清酒斗十千，玉盘珍羞直万钱。

停杯投箸不能食，拔剑四顾心茫然。

欲渡黄河冰塞川，将登太行雪满山。

闲来垂钓碧溪上，忽复乘舟梦日边。

行路难！行路难！多歧路，今安在？

长风破浪会有时，直挂云帆济沧海。

诗人宰相

在传统中国社会的历史进程中，官僚体系的建立是王朝政治制度完善的重要步骤。而传统中国的官僚体系在唐代最终确立下来。早在先秦时期贵族政治的背景下，协调天子与臣民之间的尊卑身份的伦理规范，就已经从血缘关系和宗法关系中衍化出来，吏治思想也随之产生。秦统一六国之后，官僚制度开始萌芽。及至唐代，官僚制度逐渐成熟。就整体官场而言，初唐时期，太宗李世民创建了"从谏如流"的良好开端，君臣共商国是，呈现出了一番君明臣贤的政治风貌。所以这一时期出现了一批名臣，如魏征、房玄龄、杜如晦、长孙无忌、褚遂良等。到了开元、天宝年间，官场由唐初经历了百年的淘洗，门荫大族集团掌握着官僚体系的核心势力。

李白中年时的作品《行路难·其一》，往往被视为他的代表

作之一。阅读这首诗时，结合李白的生平经历，我们很容易将
"行路难"和李白在长安城里的官场失意联系起来：开元二十三
年（735年），怀揣着远大政治抱负的诗人李白再进长安，这一
次李白似乎迎来了仕途曙光。他辗转通过卫尉张卿向玄宗的妹
妹玉真公主献诗。然而在那个看重家世的时代，仅凭借诗才就
想走上仕途是极为困难的。尽管李白努力结交统治阶层，寄希
望于贵人举荐，但是入仕之难仍然让生性旷达的李白郁结于心，
只得再次长久盘桓于长安城中。

　　直到七年之后，李白终于凭借冠绝于世的诗才受到了秘书
监贺知章的赏识。他的仕途也由此得到了一线转机，天宝元年
（742年），在玉真公主和贺知章的推荐之下，玄宗也终于注意
到了这个才华横溢的诗人，让李白做翰林供奉。43岁的李白真
正地开启了仕途生涯，他的主要任务就是写宫廷诗赋，侍奉玄
宗吟咏娱乐。然而，李白对自己当时御用诗人的身份是否满意，
我们只能从他留下的诗歌里揣摩了。李白靠才华入仕，却也反
受才华之咎。酩酊大醉的李白，在朝堂上令高力士为其脱靴的
故事，直到今天仍然广为流传。高力士指摘李白的诗作暗讽杨

贵妃，让李白的仕途戛然而止。做了翰林供奉不到三年的李白自知无法在荆棘遍布的京城官场立足，便向玄宗恳求回归山林，玄宗赐金放还。就是在这样的人生经历之后，李白写下了《行路难》。

这个阶段，如李白等文人想要在仕途上施展为国为民的理想，已经十分困难了。正因如此，李白只能在诗歌里寄托为官之难的慨叹，将满腔热忱纵情于山水与美酒之中。

回乡偶书

贺知章

少小离家老大回，乡音无改鬓毛衰。

儿童相见不相识，笑问客从何处来。

李白在官场中的蹉跎，只是盛唐官场的一个缩影。在那个诗文璀璨的时代，天才比比皆是。这首《回乡偶书》的作者贺知章便是一例。天宝二年（743 年）的寒冬，85 岁高龄的贺知章向玄宗申请辞官，还乡去做道士。玄宗批准，给予贺知章丰厚的礼遇，亲自作诗送给他，率皇太子、百官为他送别，并且擢升贺知章的儿子为会稽郡司马。这位在京城官场蹉跎一生的老人，终于回到故乡，写下了这首脍炙人口的《回乡偶书》。"少小离家老大回"，这简简单单的七个字中，饱含了贺知章在京城官场几十年的风霜冷暖。

贺知章是浙江有史料记载的第一位状元。贺知章生于初唐，为官于盛唐，可以说，他是一位见证了唐代走向鼎盛的文官。年少时的他，就以诗文名扬天下。但是他的仕途并不平顺，直到五十余岁，在知天命的年纪，才渐渐接触到权力的核心。正如《回乡偶书》一诗中所称，贺知章年少的时候离开家乡会稽永兴（今浙江萧山，也有一说其为山阴人），奔赴长安。他在京城有一位表亲，名叫陆象先，此人出身进士，又是武后朝宰相陆元方之子，原名陆景初，后来由唐睿宗赐名"象先"，意寓效法先贤。贺、陆两家为亲戚故交，贺知章来到长安后，得到了陆象先的帮扶。陆象先颇为喜欢贺知章，据《旧唐书》记载，陆象先曾和别人说贺知章"清谈风流"，不见别的兄弟不觉得怎样，唯独贺知章是个例外，一天不见他，就觉得自己变得粗鄙不堪。

陆象先之所以能够拜相，是由于受到崔湜的力荐。景云二年（711年），太平公主想要引荐吏部侍郎崔湜为宰相，崔湜却力荐陆象先为宰相，太平公主起初并不愿意引荐此人，但是崔湜却向太平公主请辞以为要挟。无奈之下，太平公主才最终同意引荐陆象先。随后陆象先得以拜相，加授同中书门下平章事，成为大唐王朝政治中枢的重要一员。次年，年逾五十的贺知章在他的帮扶下，仕途也开始迈入正轨，被授予国子监四门助教。一年后，又顺利从一个四门助教升为四门博士，不久又升为太常博士。贺知章之所以能够火速地升迁，自然离不开陆象先的大力举荐。

先天元年（712年），玄宗即位，但是此时的局势并不稳定。一方面，睿宗以太上皇的名义继续掌握着军政大权；另一方面，太平公主权倾朝野，宰相崔湜、萧至忠、岑羲、窦怀贞都是太平公主的门下党羽。当时，宫廷是权力斗争的风暴之眼，而整个京城官场必将随之浮沉。这一时期，恰好是太平公主与玄宗权力争夺的白热化时期。贺知章在这几年里，仕途平稳，没有直接卷入这场权力斗争的风暴。

　　尽管作为一个旁观者，贺知章想必也能深刻地感受到这场风暴所带来的震撼。此时，他的表亲陆象先正处在风暴的中心，相比曾经而言，他此时处境已是另一番光景。陆象先是由于太平公主的举荐才得以拜相，但是他和其他依附于太平公主的大臣不同，从来不曾拜谒过太平公主。不仅如此，太平公主为掌握大权，召集由自己引荐的宰相，谋划以玄宗乃庶出为由废帝，但陆象先在此事上却坚决反对。在《新唐书·陆象先传》中，非常详细地记载了陆象先与太平公主的对峙。他对废帝之谋表示坚定的反对，并且诘问太平公主："玄宗为什么继位了呢？"太平公主答道："那是因为他凭借着一时的功劳，才能继位，但是现在失德，难道不应该废帝吗？"陆象先反问道："既然玄宗因为功劳得以继位，那么有罪过的时候才能被废，如今天子并无罪过，怎么能废呢？"陆象先这一番公然反对，令太平公主非常愤怒。之后不久，太平公主又和窦怀贞等人谋逆，最终在先天二年（713 年）发动"先天政变"。在政变失败后，太平公主一党最终被诛。陆象先作为由太平公主引荐的宰相，也受到牵连，理应诛杀。但是玄宗念及陆象先曾公然反对太平公主谋逆，不但没有追责，反而封他为兖国公，并且评价道："岁寒然后知松柏之后凋也！"[1] 充分肯定了陆象先的人格与作为。

然而，这并非陆象先的最终结局。"先天政变"时，已是太上皇的睿宗是太平公主的支持者，他听闻政变事发后太平公主伏诛，便孤注一掷登上承天楼，召集士兵对抗玄宗，对百官说道："助朕者留，不者去！"很多追随睿宗的官员留了下来，并且呈上名帖。政变平定之后，玄宗得到了这些名帖，命令陆象先将这些人悉数捉拿。但是，陆象先竟然事先将名帖烧了——这个出人意料的举动令玄宗勃然大怒。《新唐书·陆象先传》中记载的陆象先谢罪之言表明了他的心迹："赴君之难，忠也。陛下方以德化天下，奈何杀行义之人？故臣违命，安反侧者，其敢逃死？"陆象先焚名帖，保全了很多在"先天政变"中效忠于睿宗的大臣。不仅如此，玄宗欲讨伐萧至忠、岑羲余党，牵连

---

① （宋）欧阳修、宋祁撰：《新唐书》卷四十一《陆象先传》，中华书局，1975 年版，第4237 页。

甚众，陆象先也从中斡旋，保全了很多人的性命。就连宰相张说都给予陆象先极高的评价："其高明有素，历朝之所仗委；其积行无疵，众人之所体信。"尽管时人对陆象先的评价极高，但依然未能改变他的命运。开元元年末，陆象先被玄宗罢相，离开了京城，外放至益州（今四川一带），贬为益州大都督府长史、剑南道按察使。

虽然贺知章作为一个旁观者，未受到波及，但从他为许临所写的墓志中委婉地表达了他对于"先天政变"的看法。许临的父亲许子儒曾做过睿宗侍读，许临曾经做过御林军，后来为右武卫将军，父子二人均效忠于睿宗。"先天政变"时，睿宗登承天楼，许临带兵参与勤王，最终被玄宗士兵所阻拦。贺知章在墓志中对于这一事件的叙述值得玩味。他写道："太上皇楼居，繄公以义，夫劫之以众而不惧，阻之以兵而不挠。"显然，贺知章认为许临勤王是出于"忠义"，而尽忠的对象，自然是他所护卫的睿宗，而睿宗"不惧不挠"的行为，也被他看作是"义"举。这一说法实际上就否定了玄宗发动"先天政变"的功绩及其皇帝身份的合法性。

　　贺知章晚年自号"四明狂客",《新唐书》载"知章晚节尤诞放,邀嬉里巷",或许他晚年的放荡不羁,正是与看到陆象先、许临等人在政局动荡之下的命运起伏,有着深刻的关联。[①]

　　贺知章在权力核心圈的边缘逡巡约十年后,遇到了另一位贵人——张说。开元十年(722 年),张说为丽正殿修书使,在他的举荐之下,贺知章也进入丽正书院,为直学士,撰《六典》《文纂》。这一修书经历奠定了贺知章的学术官员道路。次年,贺知章进入太常寺任太常少卿。两年后,他又升迁礼部侍郎,加集贤院学士。这一阶段,贺知章进入了升官的快车道。但是,接下来发生的一件事情令贺知章颜面大失。开元十四年(726 年),玄宗的弟弟岐王李范去世,便诏礼部选挽郎(出殡时引灵柩唱挽歌的少年)。时任礼部侍郎的贺知章在遴选挽郎的时候有失公允,被门荫子弟喧诉。贺知章竟然被逼登上梯子爬墙逃离。这件事情传播开来,引得当时一众官员对贺知章讥讽嘲笑。之后,贺知章不再担任礼部侍郎,而是改任工部侍郎,兼秘书监同正员,依旧充

---

①　唐雯:《贺知章生平再审视——以历官与交游为中心》,《复旦学报(社会科学版)》,2022年第 5 期。

集贤院学士。此后长达十二年时间里，贺知章一直没有得到升迁。直到开元二十六年（738 年），耄耋之年的贺知章才被授予太子宾客、银青光禄大夫兼正授秘书监，官阶三品。就贺知章个人的仕途经历来看，虽然他几次触及权力核心，但都没能达到官员的最顶端，最后仍然回到一个清淡文官的身份。

尽管贺知章终究没能攀登至文官的顶峰，但在云谲波诡的京城官场，他能够较为平顺地度过了三十多年，这也不失为一种幸运。不过，两唐书对于贺知章的记载均描述了他晚年"纵诞""无复规检"，并且自号"四明狂客"。这段时期，从贺知章"又称秘书外监"的记载来看，约为其八十岁授秘书监以后的时光。这几年里，贺知章与文人骚客交游，纵情于诗酒之中：李白由四川来到长安，结识了贺知章。据孟棨《本事诗》叙述，贺知章看到李白的诗歌非常欣赏，并惊叹道："子，谪仙人也！"随即请李白喝酒，把身上佩戴的金龟饰物取下来换酒钱，由此留下了"金龟换酒"的故事。几年后，李白写下《对酒忆贺监二首》，其中言及"金龟换酒处，却忆泪沾巾"。

贺知章晚年嗜酒，时常与书法家张旭喝得酩酊大醉，被时人称为"酒仙"，杜甫有诗云"知章骑马似乘船，眼花落井水底眠"。除了官员和诗人的身份，贺知章还是盛唐时期著名的书法家，善草隶。每当酒醉后，便意兴大发，笔不停书，所写诗文均可称道于世。他的真迹被书法爱好者视为珍宝。当时著名的画家吴道子也曾向贺知章、张旭学习过书法。

贺知章留传于后世的诗文不多，但在盛唐时期，他却在文坛享有极高的声望。他和当时很多著名的诗人都有密切的交往，例如张九龄、孟浩然、王湾、李白、杜甫等。贺知章交游的人除了帝王公卿、达官贵人、文人骚客、市井布衣以外，晚年好道，还与一些方外人士交往。皇甫端《原化记》叙述了一则贺知章与方士交往的故事——"宝珠市饼"：贺知章带着一颗名贵的宝珠去拜谒一个卖药人王老，向他求教黄白术（炼丹的法术），卖药王老叫童子把宝珠卖掉换成胡饼给贺知章吃，贺知章觉得很可惜，卖药王老回答道："悭吝未除，术何由成？"贺知章向玄宗请辞还乡时，便请出家为道士。如果只从其个人的经历来看，或许只能将贺知章晚年的放诞行为归结于其本人的性格与意趣。他作为一个生于初唐、为官于盛唐的

人，见证了唐代迈向盛世的历史进程。结合盛唐时期整个京城
官场的面貌，似乎可以发现贺知章晚年纵诞的自觉选择背后的
时代意蕴。

吏、文之争

　　自秦建立大一统的封建统治以降，诸侯贵族政治退出历史舞台，取而代之的是官僚体系。至隋代，初建五省六曹制：五省为内史省、门下省、尚书省、秘书省和内侍省，尚书省下设吏、度支、礼、兵、都官、工六曹。唐承隋制，建立三省六部制：中书省、门下省、尚书省，尚书省下属吏部、户部、礼部、兵部、刑部、工部。六部制度一直延续至清代。三省是唐代的最高权力机关，中书省掌起草诏令，制定政策，长官为中书令；门下省掌封驳审议，长官为侍中；尚书省是执行机关，长官为尚书令，副长官为左、右仆射。三省的最高长官为宰相，辅佐皇帝执政。御史台是唐代最高检察机关，长官是御史大夫。唐代在地方上施行州、县两级制度，州长官为刺史，县长官为县令。县以下设乡，乡以下设里，每里掌百户。里即唐代的最基层行政单位。由此可见，中央机构中的三省划分了立法、行政、监察的责任范围，地方上的州、县、乡、里严格掌控着基层管理。也就是说，唐代在皇帝掌握最高权力的基础上，建立了一套严密的官员制度和管理制度。

从制度来看，唐代的官僚体系已臻完善。正是在官员制度和管理制度的基础上，初唐时期宰相辅佐皇帝励精图治，才得以呈现出贞观之治与开元盛世的局面。然而，盛唐时期却出现了绵延不绝的"党争"，影响着整个唐代官场，这一现象也被学者称作"吏治与文学之争"。

开元初期，党争主要围绕张说与姚崇两人展开。张说曾参加则天朝贤良方正科考试，策论第一，三朝为官，被视为文官领袖。景云二年（711年），张说任宰相。"先天政变"后，张说为中书令。姚崇以挽郎身份入仕，后来考中下笔成章举，也历仕三朝，被称为唐朝贤相。开元初，玄宗想要任姚崇为相。张说与姚崇向来不睦，便让御史大夫赵彦昭弹劾姚崇，阻止姚崇拜相。但是这次阻挠并没有成功，姚崇仍然顺利拜相，张说反而被贬。据《资治通鉴》记载："崇对于便殿，行微蹇。上问：有足疾乎？对曰：臣有腹心之疾，非足疾也。上问其故，对曰：岐王，陛下爱弟。张说为辅臣，而密乘车入王家，恐为所误，故忧之。"[①] 姚崇以张说与玄宗的弟弟岐王的私交为由，成功地将张说排挤出权力中心。不久后，张说被贬为相州刺史。直到开元九年（721 年）姚崇去世，张、姚二人之间的斗争才最终告一段落。此时的张说业已五十余岁，他又回到京城，升迁为兵部尚书、同中书门下三品，玄宗甚至还亲自写诗送给张说，即《送张说巡边》"股肱申教义，戈剑靖要荒"，称赞张说是一位文武兼备的大臣。一时间，他重新成为玄宗重用之人，大权在握。

　　然而党争并没有结束。几年后，时任监察御史的宇文融，感触于当时土地兼并、人口流失、税收减少的状况，向朝廷建议括户、括田，置十道劝农使，分行郡县。张说素来鄙视宇文融的为人，称他为"鼠辈"[②]，又对他有所忌惮，因而屡次压制宇文融的建议。宇文融联合御史大夫崔隐甫、御史中丞李林甫弹劾张说勾结术士、徇私舞弊、收受贿赂等罪状，其属下张观、范尧臣依仗张说的权势，竟公然市权招赂。玄宗大怒，降旨审

---

① （宋）司马光编著：《资治通鉴》卷二一〇，唐玄宗开元元年十二月庚寅，中华书局，1956 年版，第 8822 页。

② （后晋）刘昫等撰：《旧唐书》卷一五〇《列传五十九·宇文融》，中华书局，1975 年版，第 3221 页。

理此案。幸亏高力士从中斡旋，玄宗念及张说的功劳，只停了他中书令的官职。此后，张说便在集贤院修史。虽然张说被罢了相位，每每遇到军国大事，玄宗仍然会去和他商议。崔隐甫等人唯恐日后玄宗再起用张说，对他巧文诋毁。最终张说被勒令致仕退休。

玄宗朝第三个阶段的党争主要围绕张九龄和李林甫两人展开。如果说前两个阶段的党争局限在少数人之间，那么到了第三阶段，则升级为了文学与吏治两个派别之间的斗争。张说、张九龄先后被视为文学之士的代表；而姚崇、李林甫则被视作"吏治"的代表。"文学"一派有一个共同点——都是通过科举入仕。"吏治"一党则是指长于吏干、精通吏道的官员。从区分两个朋党的意义上来看，有些官员虽然被归为"吏治"一派，但同时也具备文才，例如姚崇、宋璟等人；而张说、张九龄虽然是"文学"代表，但却在官场上久经历练，也有经世吏治的才能。因此，所谓的"吏治"与"文学"之间是一个大概的区分。

张说去世后，玄宗起用张九龄，先是让他做秘书少监、集贤院学士，之后一路升迁为中书侍郎，开元二十一年（733 年），正式起用张九龄为宰相。张九龄拜相后不久，玄宗就任命李林甫为相。张九龄为进士，通过科举入仕。李林甫则不同，通过门荫入仕，其人不擅长文辞，更没有学术成就，而长于钻营权谋。据《旧唐书·李林甫传》记载，李林甫甚至闹过念错字、写错字的笑话，误把"杕杜"念作"杖杜"，把"弄璋"写作"弄獐"。《旧唐书·李林甫传》还叙述了李林甫"面柔而有狡计"，善于和宦官、妃嫔结交，对玄宗的喜好了如指掌，因此每逢奏对都能符合玄宗的心意。一方面，李林甫长于权谋；另一方面，由于自己没有高深的学问，因而忌恨有才华学识的官员。张九龄所代表的文官基本上都是由科举入仕，大多在诗文学术等某一领域有建树，同时也在为官心态和执政主张上与"吏治"官员有差异。"吏治"与"文学"两派之间的矛盾在开元二十四年（736 年）集中爆发了。玄宗想给朔方节度使牛仙客加实封，并让他做尚书。张九龄坚决反对起用牛仙客，认为牛仙客边陲小吏出身，毫无学术可言，难堪大任。据《旧唐书》记载，张九龄的态度惹怒了玄宗，质问他"事总由卿"？这时，李林甫早就忌恨文学领袖张九龄，对玄宗说："但有才识，何必辞学；天子用人，何有不可。"玄宗听了这话，对张九龄更加不满了。而张九龄最终也因牛仙客之事被罢相。当时，监察御史周子谅认为，牛仙客才能平庸，根本不适合做宰相。这话被御史大夫李适之奏与玄宗，玄宗大怒，亲自审问周子谅，并把他"杖于朝堂"。李林甫趁此机会向玄宗进言，周子谅是张九龄举荐的。张九龄便被贬为荆州长史。

玄宗朝之所以会出现"吏治"与"文学"朋党之争，自有其深刻的历史原因，其实早在唐初就埋下了伏笔。隋代出现的科举制度发展到唐代渐趋稳定，这是唐代取士的一个重要途径。对于文人尤其是出身寒门的读书人来说，科举考试几乎就是他们进入仕途的唯一方式。但是，除了科举之外，唐代仍然存在着其他的选用方式，如门荫入仕等。选官制度的不统一，使得通过科举入仕的官员、通过门荫入仕的官员易各自结成朋党。在封建王朝制度之下，官员选用的最终权力集中在统治者手中，因而朋党之争出现的根本原因应该结合皇帝本人的用人倾向来思考。事实上，有学者研究认为，自则天朝开始，唐代选官制度混乱，除科举外，还有门荫以及统治者随意提拔的选用现象。[①] 选官制度本身的矛盾，很大程度上导致了玄宗朝官员分为"吏治""文学"两派。由于出身、价值取向的不同，最终导致玄宗朝"吏治"与"文学"两派官员之间形成了不可调和的对立形势。李林甫执政后，尤其忌恨"文学"之士。玄宗曾经下诏寻找天下之士，只要精通一艺的人都可以到长安考试。这次考试由李林甫精心安排，包括杜甫、元结在内的很多文士参加了这次特殊的考试。这场考试的结果竟然没有一个人及第，李林甫上奏"野无遗贤"。可见，李林甫的专权，令当时的广大文人群体仕途黯淡。除此之外，李林甫还杜绝了文官出将入相。据《旧唐书·李林甫传》记载，他上奏玄宗："文士为将，怯当矢石，不如用寒族、蕃人，蕃人善战有勇，寒族即无党援。"这一建议被玄宗采纳，高仙芝、哥舒翰这些边疆民族将领成为大将。

　　李林甫出此计谋，固然是为了巩固自身势力——高仙芝、

---

① 陈茂同：《中国历代选官制度》，华东师范大学出版社，1994年版，第154页。

哥舒翰等人不识文字，自然无法拜相，因而不会威胁他的相位。同时，这些武人均为当世名将，为唐代的边疆稳定作出了巨大贡献。但是这一举措也使得安禄山霸踞河北，间接导致了安史之乱的发生。其中的是非功过，难以一一评说。

盛唐时期，统治者个人的意志影响整个官僚体系的发展，而李林甫个人的专权使得官场生态由清明走向黑暗，进而极有可能会对唐代整体历史进程产生不可估量的影响。从这个角度来看，日后"安史之乱"的爆发，似乎在盛唐之下的官僚制度中早有隐喻。

李白在长安做翰林供奉的经历之后发出了这样的感叹："行路难！行路难！多歧路，今安在？长风破浪会有时，直挂云帆济沧海。"文学领袖张说、张九龄皆无法逃脱被罢相的命运。贺知章请求出家修道——这一最终选择对于一位在长安官场蹉跎半生的迟暮老人来说似乎是最好的归宿。

市井

登观音台望城

白居易

百千家似围棋局，十二街如种菜畦。

遥认微微入朝火，一条星宿五门西。

　　唐代人口数量与粮食产量大幅攀升，手工业和商业繁荣发展，加快了城市建设的步伐，除了京城长安，还出现了扬州、广州、杭州等商业发达的大都市。8世纪的大唐盛世在中国历史上书写了华美篇章，成为了后世对于盛世想象的范本，不仅长久留存在中国人的历史记忆中，还在东亚乃至西方世界都享有盛名。

　　我们在这一章将要探讨的是盛唐时期的城市日常生活。在中国人的历史记忆中，唐朝具备了"繁华""富有""开放"等几乎所有关于盛世的想象。当然，这些盛世符号生动地呈现在盛唐时期的日常生活中。8世纪上半叶，从"先天政变"后到安史之乱爆发前这一时期，唐代政治局势稳定，玄宗牢牢掌握着中央政权，在庞大版图的边疆地区，唐王朝设立了安西、安北、安东、安南、单于、北庭六大都护府，镇守着边疆安全。这为大唐盛世的到来创造了充分的条件。与此同时，边疆的稳定，文化的繁荣，也使得大唐成为了旅行者的胜地，这里汇集了四面八方的客人，有来自中亚、西方的商人和旅行者，有来自天竺的佛教徒……他们不远万里跨越山河湖海来到大唐。和他们一起来到大唐的，还有各种各样稀奇古怪的舶来品，例如玻璃器皿、颜料、食物、布匹、香料等。不仅如此，佛教、拜火教、伊斯兰教等宗教文化也随着他们的脚步来到大唐。因而，8世纪的盛唐也是中国历史融入世界历史的重要环节。

城市布局

唐代长安城不仅是京城，还是古代丝绸之路的起点，是政治、经济、文化的中心地。通过唐代长安城的历史记述，我们可以观察盛唐时期都市的日常生活。唐长安城包括宫城、皇城和京城三部分。其中宫城是皇室居所，皇城中设有王朝政治机构，而京城也称作外郭城，是贵族官吏、百姓、商贾及各色人等聚集的地方。唐代诗人白居易登上长安城南部的南五台山上的观音台，俯瞰整个长安城，写下了《登观音台望城》："百千家似围棋局，十二街如种菜畦。遥认微微入朝火，一条星宿五门西。"正如白居易诗里描述的一样，长安城的整体格局非常方正，城内南北 11 条大街，东西 14 条大街，把居民住宅区划分成了整整齐齐的 108 坊，其形状近似一个围棋盘，井然有序。外城四面各有三个城门，贯通 12 座城门的六条大街是全城的主干道。其中朱雀大街是一条贯通南北的中轴线，衔接宫城的承天门、皇城的朱雀门和外城的明德门，把长安城分成了东西对称的两部分，东部是万年县，西部是长安县，东、西两部各有一个商业区，称为东市和西市，承载着长安城主要的商业活动。唐代来长安的商人不绝于缕，从西域来的商旅被唐人称为"胡人"。长安两市聚集了很多胡人，进行贸易、传教等活动。唐长安城里最为壮观的建筑就是"三大内"：太极宫、大明宫和兴庆宫。以三大内为主体的宫城区域是皇帝处理朝政和居住的场所。宫城的南部是皇城，也是重要的行政区域，分布着众多的中央衙署。而外郭城基本上都是居民区。皇亲国戚和贵族等上层人士多住在城东靠近皇城的区域。而内侍省的官员大多紧靠宫城居住。商贾人士大多居住在东、西两市周围。

在长安城布局如棋盘的里坊之间，坐落着长安城最为热闹的市场区——东、西两市。与长安城整体的建筑理念一致，东市和西市沿朱雀大街中轴线左右对称。东、西两市都在皇城的南面，位于东西向的交通要道春明街的南面，东市在东端，西市在西端，各占两坊的面积。西市靠近长安城的金光门，胡商、胡人经过丝绸之路最先进入的就是金光门，所以胡商、胡人大多聚集在西市周围。李白的《少年行之二》诗中这样写道："五陵年少金市东，银鞍白马度春风。落花踏尽游何处，笑入胡姬

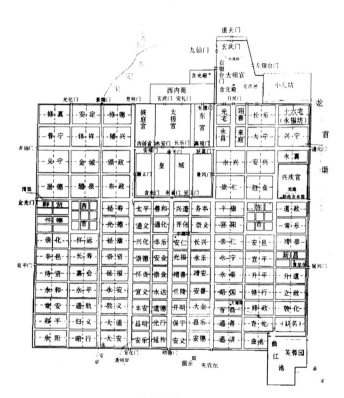

唐长安城平面图

酒肆中。"诗中所言的"金市"就是指的西市,唐代长安西市上
的胡人酒肆已经出现。东、西两市的特征虽然有所不同,但都
代表了长安的经济发展水平。长安城朱雀大街以西建有许多胡

寺，成为唐长安城的多元文化景观。西市周围的里坊居住的平民较多，人口流动性较大，市场上的商品也很丰富。然而与西市不同，东市周围居住的官员较多，带有浓厚的官邸氛围。因而，东市上所售卖的商品多为四方珍奇之物，虽然不像西市那样热闹，但是面对的消费群体是达官贵人，消费品的层次也比较高。每年有不计其数的胡人、胡商经过丝绸之路来到长安，这使得长安呈现出国际化、多元化的文化面貌。

如前所述，唐长安在汉代长安城市的基础上进一步繁荣发展。从城市布局来看，唐长安堪称中国传统城市的范本：皇宫坐北面南位于城市的北部中心，宫城外为皇城，皇城外为郭城，郭城内分布着官衙、王宅、寺院以及东、西两市，以朱雀大街为中轴线，分布着诸多里坊，左右对称。唐长安城布局严整、方正、气势恢宏，彰显着"大一统"的政治理念。唐长安城市功能齐全，有皇宫、府衙、官员宅邸等皇室、官员活动地点；有道观、佛寺、波斯寺、祆寺等宗教活动地点；有东市、西市等商业区；也有园林、青楼等文化娱乐场所。长安为人们提供了文化交流、贸易、游览的场所，形成了丰富的城市社会生活景观。

作为首都，长安是中原王朝的中心——敕令从这里颁布至全国；各地的读书人汇聚在这里，期望通过科举考试走进仕途；大食、波斯、天竺、真腊、西域等各地的使节、商人、僧侣、学者源源不断地来到这里；江南的丝绸、四川的蜀锦、岭南的荔枝、西域的葡萄酒等各地的特产被运到这里。长安聚集了大量的人员和物资，通过人的流动和物品的流动，中原王朝的精神文化和物质文化向四方扩散，与此同时，域外文化也在影响着大唐。

《唐语林》载，盛唐时期的长安风俗众多，包括游宴、书法、绘画、围棋、服饰、节庆、食物等。[①] 长安城内诸多的寺庙、园林、曲江池等地成为了士人游玩和观赏自然风光的场所。魏晋以降，佛教在中国广泛传播，至唐代更盛。据统计，长安城内几乎每个坊都有佛寺。唐代儒、道、释文化融合发展，士人之间大兴与僧侣、道士交游的风气。城市中的寺院不仅具有

---

① 《唐语林》卷六："长安风俗：贞元侈于游宴，其后或侈于书法、图画，或侈于博弈，或侈于卜咒，或侈于服食，各有自也。"

宗教文化功能，还是士人交游、讨论学问、休闲娱乐的公共空间。

长安城靖善坊的兴善寺就是士人常去游玩的地方。《太平广记》记录了发生在兴善寺的一则奇事，名为《异僧素和尚》。有一位素和尚在院中种了几棵青桐树，卿相们夏天来寺院的时候，衣服上沾染了桐树掉下来的汁液洗不掉，就对和尚说把这几棵青桐树砍伐了种上松树。素和尚便对青桐树说："我种了你几十年，你却滴汗惹人厌恶，明年再滴汗，我便把你当柴烧了。"果然，第二年夏天，青桐树便不再滴汗了。素和尚日日抄经书，从来不曾出寺院门。后来僧人玄幽给素和尚题诗云："三万华经三十春，半生不踏院门尘。"[1] 这则故事大致是说素和尚修行得道，能与草木交流。读来荒诞不经，却也给这座寺庙的历史平添了几分趣味。

杭州的灵隐寺、兴德寺以及苏州的寒山寺等地也是唐代文人雅士游览的著名景点。在寺院里读书，也成为了唐代文人群

---

[1] （北宋）李昉等编：《太平广记》卷九十八《异僧十二》，中华书局，1961 年版，第654 页。

体中十分流行的经历。韩愈、李白、王维、张继等唐代文人留下了很多以寺院为主题的诗作。例如王维《过香积寺》："不知香积寺，数里入云峰。古木无人径，深山何处钟。"张继《枫桥夜泊》："月落乌啼霜满天，江枫渔火对愁眠。姑苏城外寒山寺，夜半钟声到客船。"这些千古佳句对寺院景观的勾勒丝丝入扣，在千年之后读来依然有身临其境之感。

服饰

一个国家的国力可以从农业产量、人口数量、商业体量、城镇规模等宏观数据反映出来，也可以从国民的衣、食、住、行等细微的日常生活中体现出来。唐代国力强盛，农业发展迅速，不仅粮食产量大大增加，养蚕业也有了长足进展。因而，唐代的纺织业蔚为大观，再加上丝绸之路的畅通，丝绸成为畅销国际的商品。丝绸的大量生产，各色各样的绫、罗、绸、缎充盈于市，这也使得唐代的服饰文化冠绝于世。

自从先秦以来，中国古代的服饰穿着就具有"礼"的含义，上至天子、皇家，下至官吏、平民，其服饰的面料、材质、颜色、款式、纹饰都有着明确的规定。所以中国古代的服饰象征着"礼"对于人的尊卑秩序的约束。唐代也颁布了服令、敕令对服饰进行管理。

然而，有唐一代，服饰风格尤其是女装整体上发生了三次较大的变化：唐初基本上沿袭隋代，衣着偏于保守；到了盛唐时期，衣着开始变得多元、开放，出现了女着男装、袒胸半臂等新样式；中、晚唐时期，多为宽袍大袖。具体来说，唐代女性的服装，贵族女性和平民女性的服装有很大的差异。皇后、妃嫔以及官员家庭妇女参加正式场合需要穿礼服，礼服包括朝服、公服、祭服，日常穿着衣服称为常服。唐代女子所穿的常服，如永泰公主墓壁画《宫女图》中宫女的穿着那样，上身是衫、襦，下身束裙，肩加披帛。披帛即丝织长巾，可披在肩上，

唐永泰公主墓壁画《宫女图》

也可绕在双臂。披帛多用轻薄的绫罗薄纱制成，在唐代颇为流行，成为唐代女性的常见配饰，尽显女性的飘逸灵动之美。

初唐时期平民女性服装承接隋代，偏于保守。上身穿的衫（襦）多为紧身窄袖，小圆领，领口也较高。在衫（襦）之外可穿"半臂"，如新城长公主墓壁画中的左一女性就是在衫外又穿了一件"半臂"，也就是短袖或无袖的上衣。长裙束腰系的位置

唐高宗龙朔三年（663 年）新城长公主墓壁画

很高，在胸线以上，就像新城长公主墓壁画中的女性装扮。初唐平民女性的裙子的颜色多为深蓝、浅红、深褐等单一的颜色。而贵族女性的裙裾更长、更宽大，颜色也更加明亮、时尚，而且流行间色裙。间色裙是用两种不同颜色的布料裁成上窄下宽的布条，再缝在一起做成的裙子，新城长公主墓壁画中的女性穿的就是间色裙。

　　我们对于唐代女装"敞领袒胸"的印象，其实源于盛唐时期的女性服饰。盛唐时期，文化多元，风气开放，女性服饰设计在颜色、面料及样式上也更加大胆。盛唐女性服饰首开"敞领"风尚，在中国传统女性服饰发展史上可谓是"前无古人，后无来者"。"敞领袒胸"式的上衫，长裙束腰位置下移至胸线以下，例如郭行墓壁画《演乐图》（东壁）左一女性的衣着。这样的装束在盛唐贵族女性以及乐伎、舞伎中非常流行，吸引了很多女性模仿，在很大程度上影响了平民女性的穿着。唐代诗人周濆《逢邻女》写道"日高邻女笑相逢，慢束罗裙半露胸。莫向秋池照绿水，参差羞杀白芙蓉"，便是这种衣着风尚的反映。

唐代郭行墓壁画《演乐图》(东壁)

　　安史之乱被彻底镇压后，唐代政治重新走向稳定。中晚唐时期，朝廷提倡文治，宫廷之间大兴宴游、奢靡之风，因而中晚唐时期的女性不再穿窄袖紧身的衫（襦），而是身着宽袍大袖，多用质地轻薄的罗纱，色彩华丽，例如唐代画家周昉所绘的《簪花仕女图》，描绘了这一时期贵族女性的衣着。从这幅画里可以看出，中唐时期贵族女性的服饰奢靡，雍容华贵。这种衣服的制作工序极为复杂，正如白居易的诗作《缭绫》中所说：

"广裁衫袖长制裙，金斗熨波刀剪纹。异彩奇文相隐映，转侧看花花不定。昭阳舞人恩正深，春衣一对直千金。"贵族女性为了置办一套像样的服装，不惜花费千金，可见中晚唐时期的女性服装从质料、加工到消费价格都走向了奢靡。

周昉《簪花仕女图》

关于唐代男性服饰，官吏和平民的穿着存在着较大的区别。唐代官吏在正式场合需要穿礼服，所谓礼服包括公服、朝服、祭服三种，在非正式场合可穿常服。唐章怀太子墓中有一幅壁画《客使图》，壁画中有三位鸿胪寺官吏导引三位外国使者，这三位鸿胪寺官吏穿的就是初唐朝服：他们头戴笼冠，穿着阔袖

章怀太子墓壁画《客使图》

红袍，白裙曳地，腰系绶带，手持笏板，足蹬朝天履。

常服是唐代男性最为常见的穿着，上至天子、官吏，下至平民百姓都可穿着。但是对于常服的布料、颜色有着明确的规定。唐武德四年（621年）颁布敕令按照品阶规定常服："三品已上，大科绸绫及罗，其色紫，饰用玉。五品已上，小科绸绫及罗，其色朱，饰用金。六品已上，服丝布，杂小绫，交梭，

双纴，其色黄。六品、七品饰银。八品、九品输石。流外及庶
人服䌷、绝、布，其色通用黄。饰用铜铁。"[1]可见，唐代男性从
官员到平民，根据其身份品阶的差别，能够穿的服装颜色是不
一样的。流配人员以及庶人穿黄色的粗布衣服；六品以上的官
吏可以穿黄色丝布衣服；五品以上可以穿红色，可以佩戴金饰；
三品以上的官员才能穿紫色，可以佩戴玉饰，因而紫色代表着
高贵的身份。"绫"是一种细致有纹样的丝织品，在唐代只有官
员可以穿绫。由武德令可知，品阶越高的官员，所穿的绫越细
致，纹样也越复杂。绫的制作工艺非常复杂，尤其是提花工艺，
更要耗费大量的人工，通常是宫廷、贵族的消费品，如白居易
《缭绫》中所写："去年中使宣口敕，天上取样人间织。织为云外
秋雁行，染作江南春水色。"因而绫的价格也很高，普通庶民所
穿的衣服往往是由粗绸或棉布制成的。上元元年（674年）重新
对官吏服饰做了规定："一品已下文带手巾、算袋，仍佩刀子、
砺石。武官欲带者听之。文武三品已上服紫，金玉带。四品服

---

① （后晋）刘昫等撰：《旧唐书》卷四十五《舆服志》，中华书局，1975 年版，第 1952 页。

深绯，五品服浅绯，并金带。六品服深绿，七品服浅绿，并银带。八品服深青，九品服浅青，并鍮石带。庶人并铜铁带。"①此后，唐代常服基本上按照这个规定，三品以上穿紫色、四品穿深红、五品穿浅红、六品穿深绿、七品穿浅绿、八品穿深青、九品穿浅青、庶民穿土黄色。

盛唐时期，男子通常头戴幞头。《酉阳杂俎》记载了一则关于"幞头"的故事：

天宝末，交趾贡龙脑，如蝉蚕形。波斯言老龙脑树节方有，禁中呼为瑞龙脑。上唯赐贵妃十枚，香气彻十余步。上夏日尝与秦王棋，令贺怀智独弹琵琶，贵妃立于局前观之。上数子将输，贵妃放康国猧子（小狗）于坐侧，猧子乃上局，局子乱，上大悦。时风吹贵妃领巾于贺怀智巾上，良久，回身方落。贺怀智归，觉满身香气非常，乃泄幞头贮于锦囊中。及二皇复宫阙，追思贵妃不已，怀智乃进所贮幞头，具奏它日事。上皇发囊，泣曰：

---

① 《旧唐书》卷四十五《舆服志》，第 1952、1953 页。

"此瑞龙脑香也。"①

　　天宝末年的时候，交趾进贡了珍贵的龙脑香料，皇宫里把这种香料称为"瑞龙脑"，玄宗赐给贵妃十枚瑞龙脑。玄宗与秦王下棋，命贺怀智在旁边弹琵琶。贵妃抱着康国进献的小狗观棋，看到玄宗快要输的时候，放了小狗，小狗跳上棋桌，弄乱了棋局，玄宗开怀大笑。当时，一阵风把贵妃的领巾吹到了贺怀智的幞头上，将瑞龙脑的香气留在了贺怀智的幞头上。

　　幞头又称为"巾子"，自初唐以来就广为流行。唐李寿墓壁画《步行仪卫图》中，走在前面的仪卫穿的便是常服：头戴幞头，身穿圆领窄袖袍衫。自魏晋南北朝以来，北方游牧民族以及西域少数民族不断进入中原，这些边疆族群的服饰也影响着唐人的服饰风格。相比较宽袍大袖的汉人服饰来说，圆领紧袖的胡服更加舒适、合体，便于活动。唐代常服在很大程度上受到了胡人穿衣习惯的影响。

---

① （唐）段成式：《酉阳杂俎》卷一《忠志》，中华书局，2017年版，第17页。

唐李寿墓壁画《步行仪卫图》

　　唐代多姿多彩的服饰文化离不开城市消费市场的支撑。城市市场供应了充足的绫、罗、绸、缎、布、麻等服饰原材料，再加上前卫的服装设计，共同呈现了唐代瑰丽的服饰文化。

饮食

　　除了服饰以外，唐代城市居民的日常饮食也非常丰富。唐代饮食文化的发展，得益于农产品的丰富多样，也得益于各色各样的外来食物。毋庸置疑，唐代是一个民族大融合的时代。来自西域的葡萄酒、来自南亚的茄子、来自康国的金桃、来自泥婆罗的菠棱菜（菠菜）等成为了唐朝皇宫的贡品甚至成为普通人能享用的美食。

　　对于唐代的大部分中国人来说，葡萄酒是一种非常新奇的饮品。但其实早在汉代，张骞通西域以后，葡萄就已经进入了中原，不过直到魏晋南北朝乃至初唐时期，葡萄和葡萄酒基本上都是专供皇室贵族食用的。据《酉阳杂俎》记载，西域将葡萄作为贡品："西域多酿以为酒，每来岁贡。"[1] 唐代皇室贵族嗜饮葡萄酒，杨贵妃"持琉璃七宝杯，酌西凉葡萄酒"。[2] 葡萄酒

---

　　① （唐）段成式：《酉阳杂俎》卷十八《广动植之三·木篇》，中华书局，2017年版，第710页。

　　② 李濬：《松窗杂录》，上海古籍出版社编：《唐五代笔记小说大观》，上海古籍出版社，2000年版，第1209页。

成为了唐代的一种象征奢侈高贵的饮品。葡萄酒也频繁地出现在唐诗中，王之涣《凉州词》吟道"葡萄美酒夜光杯，欲饮琵琶马上催"；又有李白的《对酒》"蒲萄酒，金叵罗，吴姬十五细马驮"。由于唐代贵族对于葡萄的热爱，葡萄也逐步引入汉地。葡萄在汉地大规模种植是在贞观以后，据《册府元龟》记载，贞观十四年（640年），唐太宗派侯君集伐高昌，带回了葡萄种子以及酿酒的方法。虽说自从张骞通西域以后，中原王朝就开始尝试栽培葡萄，但在很长的时间里却没能获得酿造葡萄酒的方法。唐人终于凭借着侯君集带回来的酿酒法酿成了上等的葡萄酒，据《册府元龟》描述酿出的酒"凡有八色，芳香酷烈，味兼醍醐"，唐太宗十分高兴，把葡萄酒赐给群臣。[①]

由于皇室贵族的喜爱，葡萄酒风靡唐朝，文士、市井争相模仿。不仅如此，就连胡饼这样的日常主食也成为了唐人不可或缺的食物。胡饼类似现在的馕，用发酵的面团制成饼烤，可以撒上芝麻、盐等调味料。胡饼味美且易保存，成为唐长安极

---

① 《册府元龟》卷九七〇《外臣部·朝贡第三》，凤凰出版社，2006年版，第11231页。

受欢迎的食物。这种胡人的食品不仅风靡长安，还流传到了内地。白居易被贬到忠州（今四川忠县），在当地吃到了美味的胡饼，便想寄给正在万州（今重庆万州）的好友杨万里品尝："胡麻饼样学京都，面脆油香新出炉。寄予饥馋杨大使，尝看得似辅兴无？"唐人对胡饼的热爱可见一斑。

唐代小麦产量大幅提高，使得面食取代粟成为唐人最主要的主食。唐人用"饼"指代所有成型的面食，除了胡饼以外还有汤饼、蒸饼、烧饼、煎饼等。其中"汤饼"类似于现在的面条。至于蔬菜，唐人的餐桌上更加丰富了，既有传统的韭菜、马齿苋、蕨菜、茼蒿等，还有来自域外的菠棱菜、酢菜、胡芹、茄子、胡瓜等。受到北方游牧族群的感染，唐人也喜欢上了大块吃肉，学会了胡人炙烤牛羊肉的做法。鱼类、海鲜也是唐人餐桌上的美味，尤其在东南沿海地区更加普遍，而且吃新鲜的生鱼片是尝鲜的最佳选择。

种类繁多的食材，蒸、煮、煎、烤等各式各样制作食物的方法，足以使得唐人能够享受色、香、味俱全的美食。盛唐时期，长安城里的美食往往名扬四方。最有名的便是萧家馄饨。

萧家馄饨以其清汤著名，据说清汤甚至可以用来泡茶。庚家粽子，色泽莹白如玉。还有数不胜数的精致美食，如樱桃饆饠、冷胡突鲙、鳢鱼臆、连蒸诈草、草皮索饼、驼峰炙等。①

食物的丰盛满足了人们的生存需求，不仅如此，具备社交功能的"宴饮"在唐代也成为了一种风尚。唐墓壁画《宴饮图》呈现了唐人宴饮的场景：食物作为宴饮的主角满满当当摆了一整桌，主宾次第相坐，夹杂闲谈，有人鼓掌应和，侍从立于两侧，其乐融融。实际上，唐代的宴饮常常还伴有乐伎奏琴、舞蹈、杂技等节目表演，为宴会增添了文化品格和观赏趣味。

---

① 《酉阳杂俎》卷七《酒食》："今衣冠家名食，有萧家馄饨，漉去汤肥，可以瀹茗；庚家粽子，白莹如玉；韩约能作樱桃饆饠，其色不变；有能造冷胡突鲙、鳢鱼臆、连蒸诈草、草皮索饼；将军曲良翰，能为骏鬃驼峰炙。"

唐墓壁画《宴饮图》

.

烧尾宴

　　唐代最有名的宴会当属烧尾宴。所谓"烧尾宴"指的是刚刚取得入仕资格的士子，或者获得升迁的官员，需举办家宴宴请朋僚。这种宴请为什么取名为"烧尾"呢？据《封氏闻见记》载："说者谓虎变为人，惧尾不化，须为焚除，乃得成人。故以初蒙拜授，如虎得为人，本尾犹在，体气既合，方为焚之，故云烧尾。一云新羊入群，乃为诸羊所触，不相亲附，火烧其尾，则定。"[①]烧尾宴不仅具有一般宴请的社交性质，而且还具有明君臣之义的隐含价值。"烧尾宴"在唐初风靡一时，宴会上的菜品、种类、格调等竟一时间成为士人攀比的对象。

　　曾任唐代宰相的韦巨源编写了一部《烧尾宴食单》，又被称为《韦巨源食单》，记录了烧尾宴琳琅满目的菜品，包括：单笼金乳酥、曼陀样夹饼、巨胜奴、贵妃红、婆罗门轻高面、御黄王母饭、七返膏、金铃炙、通花软牛肠、光明虾炙、生进

---

　　① （唐）封演撰，赵贞信校注:《封氏闻见记》卷五《烧尾》，中华书局，2005 年版，第42 页。

二十四气馄饨、生进鸭花汤饼、同心生结脯、见风消等。[1] 这份食单共记录了 58 种菜点。就拿其中的"生进二十四气馄饨"来说，其制作过程十分复杂，需用 24 种馅料包成形状各不相同的馄饨，可见烧尾宴的菜品设计极费心思。肉类取材更是琳琅满目，包括熊、鹿、狸、虾、蟹、青蛙、鳖、鱼、鸡、鸭、鹅、鹌鹑、猪、牛、羊、兔等，而其做法又极其复杂，"烧尾宴"的繁盛程度令人惊叹。但是，这些奢侈的宴会菜点其实对于唐代平民来说却是闻所未闻的。正如杜甫《自京赴奉先县咏怀五百字》所言"朱门酒肉臭，路有冻死骨"。这种象征着身份地位与君臣之礼的烧尾宴在初唐盛极一时，每逢重要场合举办成为了长安官场中一项不成文的规定。许多官员通过举办烧尾宴向皇帝谢恩，与同僚增进联系。但是也有例外，初唐宰相苏瑰升任尚书右仆射时就没有举办烧尾宴。后来宗晋卿在中宗面前嘲笑苏瑰。苏瑰便说："现在米价上涨，百姓吃不饱，卫兵竟三天没

---

① 出自《韦巨源食单》，参见（宋）陶谷撰，（清）李锡龄校：《清异录》卷下《馔羞门》，《惜阴轩丛书》二卷本，第 48—51 页。

吃东西，这都是臣不称职，因此不敢烧尾"。[1]烧尾宴造成了铺张浪费、奢靡攀比的风气，到了玄宗朝开元年间被废止。

然而，即便是盛唐时期，占据人口绝大部分的仍然是平民。对于他们来说，食物能够果腹已足矣，皇家贵族的锦衣玉食是他们无法想象的。盛唐时期平民日常食物以饼、粥为主，辅以野菜。在风调雨顺的年景，平民往往能够吃上饱饭，一旦遇到灾荒、战乱、赋役过重等，则会出现饥民遍野的情况。《太平广记》记载，开元二十八年（740年），怀州出现了人吃土的惨状——由于米价高昂，当地人就把土拌在面里做成饼吃。[2]这虽然是特定时代背景下的一种惨烈现象，但在贫富差距极大的时代，杜甫的"朱门酒肉臭，路有冻死骨"也并非虚妄之谈。

因而，结合唐代历史发展的背景而言，食物具有了超越其本身食用价值的文化内涵，一方面体现在节庆活动特定食物所具有的文化价值；另一方面体现在食物具有了区分社会群体与

---

① （宋）欧阳修、宋祁撰：《新唐书》卷一二五《列传五十·苏瓌》，中华书局，1975年版，第2879页。

② （北宋）李昉等编：《太平广记》卷三六二《妖怪四》，中华书局，1961年版，第2874页。

不同阶级的象征意义。

　　节庆活动作为一种具有传承性质和文化建构功能的群体性活动，在唐代的城市空间里构成了社会生活的重要组成部分。唐代节日繁多，诸如上元、寒食、端午、七夕、中秋、重阳等。在盛唐时期，最为盛大的节日有两个——千秋节和上元节。千秋节即玄宗的生日，开元十七年（729 年），将每年的八月初五定为千秋节，举国同庆。据《旧唐书》记载，千秋节时，玄宗在花萼相辉楼下举办宴席，宴请百官，王公大臣向玄宗献上金镜和承露囊，地方州县休假三天，庶民也纷纷用丝线编织承露囊。[①] 可见，从中央到地方再到老百姓都参与了千秋节的庆祝活动。

　　唐代的上元节热闹非凡，举国上下，从皇帝、百官到庶民，从京城到州县，无不夜游赏灯，正如唐刘肃《大唐新语》记载："京城正月望日，盛饰灯影之会，金吾弛禁，特许夜行。贵臣戚属及下俚工贾，无不夜游。"唐代施行宵禁政策，唯独上元节

---

① （后晋）刘昫等撰：《旧唐书》卷八《玄宗本纪》，中华书局，1975 年版，第 193 页。

三天假期时可在夜间活动。在上元节这天，长安城的寺庙、道观、街道等公共空间都装饰着各式各样的花灯，灯火通明，到处人山人海，热闹非凡。玄宗在位时，很喜欢过上元节，还要登上花萼相辉楼与民众共赏花灯。《太平广记》记载了一则以玄宗上元赏灯为主题的玄幻故事：开元初年，唐玄宗在上元节时移驾上阳宫赏灯。当时有一位名叫毛顺的名匠，筑造了一座灯楼，楼高一百五十尺，其间装饰着各式各样不计其数的彩灯，把灯做成了龙、凤、螭、豹的样子，惟妙惟肖。微风拂过，整座灯楼珠玉叮当宛若奏乐一般。玄宗看了如此壮观精巧的灯楼非常高兴，召道士叶法善一同赏灯。叶法善说："这座灯楼之盛大，无可比拟，但是今晚西凉府的灯不亚于此。"玄宗欲与叶法善同去西凉府。道士便带着他飞到天上，须臾间落地便已至西凉，看到了连绵数十里的彩灯，车水马龙、摩肩接踵的上元夜景，不停地称赞西凉灯影之繁华。后来回到上阳宫时，宫里的歌舞表演还没有结束。[1]

---

[1]　（北宋）李昉等编：《太平广记》卷二十六《神仙》，中华书局，1961 年版，第 172 页。

节日及其庆祝仪式，因其具体规范由官方制定而具有了权力内涵，而其表现形式及实施路径最终由民众完成，从而具有了普世同庆的价值。就唐代的节庆而言，如上所述，皇帝将中国传统的"大一统"理念通过千秋节、上元节等节日活动形象地传递给各个地方乃至边陲地区的民众，再通过民众的集体参与成功营造了"盛世"景观。在这一运行机制中，皇帝的统治权威柔和地融入盛大的节日文化符号，并且在集体欢庆的气氛中潜移默化地被民众所接纳与回应。这也许是唐代"盛世"景象在中国历史记忆中生成并确立的重要一环。

娱乐活动

盛唐时期，随着生产力的发展及生产效率的提高，人们有了更多的闲暇时间从事生产劳动以外的事业，因而盛唐时期的休闲娱乐活动和艺术活动丰富多彩，诸如宴游、旅行、斗鸡、蹴鞠、马球、下棋、百戏、乐舞等受到贵族乃至广大民众的欢迎。

斗鸡这种活动自周代就已出现，在唐代非常流行，常常吸引众多的人观看。宋之问（一作沈佺期）《长安路》写道："日晚斗鸡场，经过狭斜看。"唐代的寒食、清明节日期间举行斗鸡活动已经成为了一项风俗。长安城里有专门的斗鸡场所，据传在今天西安城的大吉昌巷。唐初宰相杜淹《咏寒食斗鸡应秦王教》诗云：

> 寒食东郊道，扬鞴竞出笼。
>
> 花冠初照日，芥羽正生风。
>
> 顾敌知心勇，先鸣觉气雄。

长翘频扫阵，利爪屡通中。

飞毛遍绿野，洒血渍芳丛。

虽然百战胜，会自不论功。

　　唐代皇室贵族也以斗鸡为乐，玄宗尤其喜爱斗鸡，据说即位后专门建立鸡坊。史官陈鸿《东城老父传》就叙述了以斗鸡之才为官的贾昌的故事。玄宗非常喜欢清明节时的民间斗鸡，因而诸王史家、官员家及至平民纷纷效仿，长安城中的民众也都以斗鸡为乐，有钱的人养雄鸡，贫穷的人则斗假鸡。贾昌小时候聪明伶俐，善于斗鸡。一次，玄宗出游的时候看到贾昌在云龙门街道上斗木鸡，便把他召进宫里，做鸡坊小儿。贾昌颇有斗鸡的天赋，一到鸡坊，鸡群便向他簇拥过来，他只需看一眼就能分辨哪只鸡强壮，哪只鸡羸弱；哪只鸡勇敢，哪只鸡胆怯。他举起两只鸡，鸡群便都畏惧驯服了。玄宗对贾昌的斗鸡才能十分满意，封他为五百小儿长。开元十三年（725年），贾昌带着斗鸡，跟随玄宗到泰山封禅。后来，贾昌还跟随玄宗、贵妃到骊山华清宫。时人称其为"神鸡童"。

斗鸡不仅风靡长安，在全国各地都成为一种风尚。《太平广记》载，唐鄂州十将之一陈士明，小时候英俊健壮，喜爱斗鸡。他在家里养了很多斗鸡，在雏鸡的时候便能分辨哪只鸡长大了以后勇敢，哪只鸡会胆怯。陈士明还有一种天赋，仅靠听鸡鸣就能分辨出鸡的毛色。[①]

盛唐时期，玄宗的斗鸡喜好被权贵、平民争相模仿，以至于人们聚在街头巷尾斗鸡为乐。与贾昌通过斗鸡的本领进入仕途的先例相比，寒窗苦读的科举途径似乎更加艰难，因而民间打油诗曰："生儿不用识文字，斗鸡走马胜读书。贾家小儿年十三，富贵荣华代不如。"读书竟然不如斗鸡，斗鸡小儿能够凭借斗鸡获得宠信，而寒窗十几载的儒生却进仕无门。就连诗仙李白也在《行路难·其二》中慨叹：

　　大道如青天，我独不得出。

　　羞逐长安社中儿，赤鸡白雉赌梨栗。

---

① （北宋）李昉等编：《太平广记》卷七十九《方士四》，中华书局，1961 年版，第 499 页。

　　盛世之下出现这种现象如同一个隐喻，预示着盛世景观之下正在潜伏着一场危机。

　　"狩猎"原本是游牧民族先民最基本的生活方式。随着时代的演进，狩猎逐渐成为皇室特有的权力。到了唐代，随着皇帝畋狩礼的完善，狩猎又具有了"礼"的文化权力内涵。因而，不仅史书中记载了唐代皇帝尤其是太宗、玄宗的狩猎活动，还有大量的诗歌描绘了狩猎的壮观场面。其中最为脍炙人口的是王维的《观猎》：

风劲角弓鸣，将军猎渭城。

草枯鹰眼疾，雪尽马蹄轻。

忽过新丰市，还归细柳营。

回看射雕处，千里暮云平。

　　这首诗把将军在渭城狩猎的情景描绘得活灵活现：寒风呼啸的渭城猎场上，号角声和射箭声互相映衬，地上的草早已枯萎，猎鹰目光如炬，能够精准地发现猎物的藏身之地，马蹄在雪地上飞奔，不一会儿就穿过新丰市，回到了细柳营。这是一次成功的狩猎，勇猛的将军满载而归，回头望向猎场的时候，暮云笼罩着一望无际的原野。这首诗里写到了猎鹰，猎鹰是唐代狩猎活动中不可或缺的帮手。《新唐书·百官志二》记载："闲厩使押五坊，以供时狩：一曰雕坊，二曰鹘坊，三曰鹞坊，四曰鹰坊，五曰狗坊。"唐代皇宫内设五坊，作为专门饲养猛禽和猎犬的专门官署，其中有四坊专门负责猛禽的捕捉、饲养和驯服。鹰具有非常敏锐的视觉，可以在围猎时发挥重要的作用。因而，鹰也成为了很多唐诗书写的对象。章怀太子墓壁画《狩猎出行图》描绘了皇家狩猎的情形，通过这幅画，我们能够更加直观地了解唐代的狩猎活动。

陕西咸阳乾县有一座唐代陵墓群——乾陵。唐代著名的墓室章怀太子墓就坐落于此。章怀太子名叫李贤，是唐高宗李治和武则天的次子。章怀太子的墓室入口处有一幅壁画《狩猎出行图》。这幅壁画惟妙惟肖地展现了唐代狩猎的场景：皇室及随从一行乘着骏马浩浩荡荡地驰骋在猎场上，马群当中还载着用

唐章怀太子墓壁画《狩猎出行图》局部（Ⅰ）

于围猎的豹子、猎鹰等。除了马群，还出现了两匹骆驼，用来运载辎重。可以看出，唐代皇室的狩猎活动规模很大，随从各司其职，不仅有作为坐骑的马匹，还有用来运输的骆驼，以及辅助狩猎的猎犬和猎鹰。

章怀太子墓壁画《马球图》，将唐人骑马击球的场景保存了

唐章怀太子墓壁画《狩猎出行图》局部（Ⅱ）

下来。这幅图中，众人骑着骏马，一手持缰绳，一手拿着球杆击球。画中的人神态各不同，姿态各异，却都在奋力朝着球的方向奔走，一场战况激烈的马球比赛"跃然纸上"。

马球是盛唐时期非常流行的一种运动。关于马球的来源，大致有三种不同的观点。第一种观点认为马球起源于中原地区，春秋战国时期就已经出现了。第二种观点认为马球的发源地是波斯，通过粟特等西域民族传入中原。第三种观点认为马球起源于突厥语类民族，通过突厥语类民族和蒙古游牧民族传入中原。马球在唐代颇为流行，唐玄宗就是一位马球爱好者。《太平广记》记载，玄宗喜爱击球，宫中的马厩中饲养的马匹不合玄宗的意，因此广求良马。[①]《封氏闻见记》还记载了年轻时期的玄宗在和吐蕃的马球竞赛中力挽狂澜的事迹：景云年间，吐蕃遣使迎接金城公主，中宗在梨园亭子赐吐蕃使节观看马球比赛。吐蕃使节便奏请令军中善于马球的人和汉人比赛。吐蕃队一连胜了几局。当时的玄宗还是临淄王，他上场后左冲右突，犹如风驰电掣，所向披靡，终于战胜了吐蕃队。[②]

由于皇室的喜爱，皇宫禁院里建造了很多马球场。在皇帝的示范作用之下，马球成为一种社会风尚。不仅武官以马球为乐，很多文官也参与马球运动，甚至在自己的宅院中也建造了球场。到了唐代晚期的时候，马球成为庆祝新科进士的一项节目。进士及第者在雁塔题名后，到月灯阁宴饮，打马球庆祝，官员士人也一同观赏球赛。马球除了作为一种带有娱乐性质的

---

① （北宋）李昉等编：《太平广记》卷二五〇《诙谐六·黄幡绰》，中华书局，1961 年版，第 1938 页。

② 《封氏闻见记校注》卷六，第 53 页。

运动竞技活动外，在军队中还发挥着训练士兵体质、增强作战
能力的功能。唐代马球运动自上而下地传播到了民间，很多平
民百姓也已开始学习马球。不仅如此，唐代的女性也参与马球
运动，不过女子打马球往往骑的不是马而是驴。唐代将领郭英
乂曾专门教女子打马球，耗费巨资用金钏装饰驴鞍，并且为女

唐章怀太子墓壁画《马球图》

子定做马球服装。① 女性打马球成为了唐代马球场上亮丽的风景。正如花蕊夫人在《宫词》里所写："自教宫娥学打球，玉鞍初跨柳腰柔。上棚知是官家认，遍遍长赢第一筹。"兴盛于唐代的马球运动延续至宋代，至清代时走向衰落。

　　唐代的城市之所以能够得到长足的发展，一方面根植于唐代农业经济的增长，另一方面也得益于唐代政治上的开明，不仅促进了城乡之间的商业活动，而且吸引了远道而来的域外商人。本章讨论的盛唐时期的都市社会生活也正是基于此背景所展开的。中国古代规模较大的城市，其建立和发展往往在很大程度上受到政治因素的影响，换言之，大都市往往也是政治中心。唐代亦如此，例如长安、洛阳等城市。盛唐时期的都市，享受了自唐初百余年的积累，呈现出一片繁荣昌盛的景象。这种盛世景观和生活于其间的都市众人息息相关，深刻反映在时人的日常生活中。由表及里推之，我们从盛唐都市人群的服饰、饮食、游宴、娱乐等日常生活的细节，也可管窥大唐盛世的风貌。

----

① （后晋）刘昫等撰：《旧唐书》卷一一七《列传六十七·郭英乂》，中华书局，1975年版，第3397页。

四

乡野

秋浦歌

李白

秋浦田舍翁，

采鱼水中宿。

妻子张白鹇，

结置映深竹。

　　作为以农业为经济基础的古代中国，农村生活自先秦以来就是诗人们吟咏的对象。对于占据古代中国人口绝大多数的农民而言，农事生产既是农民赖以生存的实践活动，同时也是农民日常的生活方式。对于官员、士人等掌握知识的阶层而言，农村生活常常进入他们的诗文世界，在文人熔铸情感的书写和道家推崇"清净自然"的合力之下，密切关注农村生活的"农事诗""田园诗"成为唐代诗歌的重要流派。李白的这首《秋浦歌》，书写了一个普通农村家庭的生活场景：老翁除了种田以外，为了贴补家用还去勤劳地打鱼，为了方便劳作甚至住在水边；他的妻子也很辛苦，在竹林里为了制作捕鸟的网而不停地忙碌，手边的网和翠绿的竹叶交相辉映。种田、打鱼、结网、捕鸟等，这是唐代农村最普通的生产活动，也是他们的日常生活。秋浦田间的这一对夫妇是唐代农村生活的缩影，他们的农事生活映射着千千万万农村家庭的生活场景。

7世纪中期，中国的气候整体转暖，据统计整个唐代时期，大雪奇寒及霜冻天气显著减少，其中甚至有19年冬天没有下雪。①气候变暖意味着农作物的生长周期更长，收成更好。气候变暖使得一些原来不适宜农耕的高纬度地区也从游牧转向农耕，从而使得唐代的农牧界线向北推移。这一变化最引人注目的便是陇右道，《资治通鉴》载："是时中国强盛，自安远门西尽唐境，凡万二千里，闾阎相望，桑麻翳野，天下称富庶者无如陇右。"②较为温暖的气候条件使得陇右道成为桑麻遍野的富庶之地，可见气候条件实为大唐出现盛世的"天时"。

农作物的生长需要适宜的温度，也需要充足的水分。水利灌溉便是唐代农业迅速发展的"地利"。自隋代以来，随着京杭大运河的修建，江南地区逐渐开发。到了唐代，更加注重各产粮区的水利灌溉，兴修了大量的水利工程。唐代设置了较为完备的水利官吏制度，在中央设水部和都水监，水部设在工部之

---

① 刘昭民：《中国历史上之气候变迁》，台湾商务印书馆，1982年版。

② （宋）司马光编著：《资治通鉴》卷二一六："安禄山以李林甫狡猾逾己，故畏服之。"中华书局，1956年版，第6919页。

下，负责传达、实施中央王朝关于河流池塘建设的政令，河渠灌溉工程的修建以及漕运等。都水监则掌管京畿地区的河渠修理和灌溉事宜。敦煌文书中记录了唐代地方上的水利官吏，包括都水令、都渠泊使、水官、水监等。[1]唐代还出台了专门的水利法:《水部式》，这是一部规定河渠、灌溉、舟楫、桥梁、漕运的法律。唐代通过官吏设置和法律制度将全国范围的水利灌溉建设纳入中央—地方的行政管理体系，使得与天下农民息息相关的水利灌溉得到了强有力的保障。因而即便是偏远的农村，其用于灌溉农田的水渠也往往通达每一户的田间地头。

当然，我们在以家庭为单位了解农村生活的同时，也应该从宏观层面深入了解国家整体的土地制度、税收制度与乡村治理。这是由于，国家在土地、税收与基层治理等方面的措施对于每一户农村家庭产生了极为深远的影响。

---

[1]　李并成:《敦煌文献中所见唐五代时期的水利官吏》,《历史地理研究》, 2020 年第 1 期。

田制

　　中国古代的农业型经济模式之下，土地制度既决定了生产资料的分配，同时也对国家的税收制度产生了极大的影响。唐代自建立初期，准确来说自武德七年（624年）起，即开始施行均田制。均田制最早出现于北魏时期，简单来说，是一种按照人口来分配土地的制度。唐代为了保证小农经济的稳定性，在北魏均田制的基础上进行了改革，完全按照丁口数量进行土地分配，而对给妇女、奴婢、丁牛授田之类有益于豪族世家的政策进行了革除。

　　根据《新唐书·食货志》关于均田制的记载，均田制对于百姓的土地分配政策大致如下：年满十八岁以上的中男和丁男，每人授口分田八十亩，永业田二十亩。老男、残疾授口分田四十亩，寡妻妾授口分田三十亩；这些人如果为户主，每人加授永业田二十亩。其中永业田都是二十亩，其余为口分田。[①] 永

---

　　① （宋）欧阳修、宋祁撰：《新唐书》卷五十一《食货志》，中华书局，1975年版，第1342页。

业田可以世袭，而且免课役，因而被认为是私有田地。口分田须用来种植谷物，不可世袭，死后须交还。隋朝末年，连年战乱加之灾荒年景导致大量土地荒芜，唐朝建立后，将这部分荒地收归国有，为均田制的顺利实施提供了基础。唐初人口总量少，在二百万至三百万户，因而唐初的耕地总量基本能够保证均田制的实施。

为了在地方上能够真正履行均田制，唐代还建立了一套乡村社会治理制度——乡里制："百户为里，五里为乡，四家为邻，四邻为保"。① 四个家庭组成的"邻"就成为了唐代治理乡村社会最基层的组织。因而唐代以家庭为基本单位，在邻、保的基础上建立起了乡—里的农村治理体系。每里设置里正一人，每保有保长。里正即为中央王朝与乡村社会沟通的主要纽带之一。据《唐六典·尚书户部》载，里正主要的职务是负责"课植农桑，催驱赋役"。可见，唐代建立乡村社会基层组织的主要目的是保证赋税的征收。唐代还制定了严密的户籍管理制度："每一

---

① 张九龄等撰：《唐六典》卷三《尚书户部·户部郎中员外郎》，中华书局，2014 年版，第 99 页。

岁一造计账，三年一造户籍"。^①均田制适应了中古时期以家庭为单位的小农经济生产模式，一方面保证了农民的土地占有率；另一方面则通过户籍将农民与土地紧密地捆绑在一起。

既然均田制、乡里制都是为了保障国家的税收，那么唐代赋税制度又是怎样的呢？众所周知，唐代施行租庸调制，《旧唐书·食货志》载：

> 每丁岁入租粟二石。调则随乡土所产，绫、绢、绝各二丈，布加五分之一。输绫、绢、绝者，兼调绵三两；输布者，麻三斤。凡丁，岁役二旬。若不役，则收其佣，每日三尺。有事而加役者，旬有五日免其调，三旬则租调俱免。通正役，并不过五十日。

租庸调是以丁口征税的，按照均田制的规定，每个成年男子可分配田地一顷，每年需缴纳粟 20 斗、稻米 30 斗，此即"租"。也就是说唐代成年男子每年大约需要缴纳 120 千克的谷

---

① 《唐六典》卷三《尚书户部·户部郎中员外郎》，第98页。

物。《新唐书·食货志》又载："田以高下肥瘠丰耗为率，一顷出米五十余斛。"一斛为十斗，可知粗略估计唐代一顷地可以产出五百斗粮食，这样来看，唐代成年男子每年缴纳的二十斗田租，其税率不过百分之四。

"庸"指的是力役，劳役的规定自先秦时期就出现了，相比于汉代，唐代要求服劳役的时间少了很多，每年 20 天，不服劳役也可纳捐代替——每天纳绢三尺或布三尺七寸五分，又被称为"输庸代役"。

"调"即户调，随乡土所产而纳，每年纳绢二匹、绫二丈、绵三两，或布二丈五尺、麻三斤。均田制的实施，辅以相对宽松而且灵活的赋税制度，使得唐代的农业实现了较大的发展，呈现出一派欣欣向荣的景象，正如杜甫在诗歌中描绘的"忆昔开元全盛日，小邑犹藏万家室。稻米流脂粟米白，公私仓廪俱丰实"。

相比前代，唐代的农耕区域有了进一步的扩大。除了黄河流经的西北、关中及华北一带是重要粮食产区以外，长江流域尤其是江南地区也已经成为新兴的粮食产区。据统计，唐代人均原粮占有量达到了 1256 市斤。[①]农业产量的大幅提高，直接带来了人口数量的增长。从唐代人口数量来看，天宝年间人口最多，安史之乱后人口数量有所下降。据官方统计，神龙元年（705 年），户数约 615 万，人口约 3714 万。天宝十三年（754 年），户数约 961 万，人口约 5291 万，有学者估计实际户数达 1300 万—1400 万，实际人口约 8050 万。[②]

如果均田制能够切实履行，百姓能够分配到足额的田地，其需缴纳的赋税是相对较少的，也符合唐初"轻徭薄赋"的愿景。那么，唐代均田制实际实施的程度和效果如何呢？这个问题历来就是历史学界密切关注的领域。随着人口数量的增长，以及各个地方上土地本身或贫瘠或丰腴的差异，农户实际上分得的授田数额和质量均有很大的差异。

由于唐代史籍对于乡村社会的记载较少，我们很难对均田制的具体实施情况作出完整的估计和判断。但是，根据敦煌文书中的相关资料来看，就敦煌地区而言，大部分农户的授田数

---

① 吴慧：《中国历代粮食亩产研究》，农业出版社，1985 年版。
② 王育民：《唐代人口考》，《上海师范大学学报》，1989 年第 3 期。

额没有达到唐代均田制所规定的数量。[1] 由敦煌一地推知，唐代均田制的实施效果或许并不理想。尤其到了开元以后，日久承平，"天下户籍久不更造"，进而导致买卖土地的现象愈加频繁。唐初对于土地买卖进行较为严格的管制，甚至颁行相关律令禁止土地的买卖。但是随着人口总量的不断攀升，官府手中已没有空闲的土地按照新增丁口数进行分配，最终导致均田制成为一纸空文。因而，盛唐时期的乡村，均田制实际上已经难以为继，但是按照丁口征税的租庸调税制却被继续沿用，反而进一步加重了农民的负担。

---

① 王淑端:《唐代均田制下的农民家庭经济研究》,《中国社会经济史研究》,2009年第4期。

耕作

　　从以上叙述中，我们大致了解了唐代农民百姓所面临的宏观社会环境，那么他们真实的生活场景又是怎样的呢？我们可以通过唐代农民的田间劳作、饮食起居、社交圈、乡村集市、

榆林窟第 25 窟北壁《弥勒经变·耕获图》

礼仪、节庆等活动进行考察。

榆林窟第 25 窟北壁《弥勒经变·耕获图》将不同的农忙时节展现在同一幅画面中,反映了唐代农民的田间耕作场景。这幅图的中下方,我们看到一名男子头戴斗笠,手扶着犁,前面一头黑牛和一头黄牛正在并排拉着,这就是中国古代典型的耕作方式——二牛抬杠。男子的身后还有一名妇人,正在犁过的地里播种。左下方有一个白衣男子,也戴着斗笠,正在拿着镰刀收割成熟的庄稼。左上方有一位黑衣男子正在扬场,对面的妇女正在配合男子扫拢地上的粮食。这幅画综合反映了播种、收割、扬场等重要的田间劳动环节。

唐代的农业生产工具种类完备,并且出现了技术突破,制造出了"曲辕犁"。曲辕犁在唐代的出现对于农业生产效率的提高产生了巨大的作用,毫不夸张地说,唐代之曲辕犁,可类比现代之拖拉机。曲辕犁相比于之前的直辕犁来说,更加轻巧、灵活,可以调节耕地的深度,而且只需一头牛拉犁,大大节省了人力畜力,提高了农业生产效率。

唐代农作物种植具有南北差异,南方是主要的水稻种植区,北方农作物则以粟、麦为主。不过，由于唐代气候较为温暖湿润，北方黄河流域也出现了水稻田。经济作物种植方面，北方黄河流域也是桑、麻产地。河南道、河北道种植了大片的桑树林，采桑养蚕也成为农村生产活动的重要组成部分。除了种植水稻以外，南方还种植桑、麻和茶。正如前文所述，唐代中国整体气候更加温暖湿润，大量人口向南方迁徙，以及垦殖的发展，促进了长江流域以及岭南地区的开发，由"烟瘴之地"转变成为水土丰美的重要粮食产区。

唐代农民的耕作方式基本上是以小家庭为基本单位的男耕女织。耕织结合，辅以渔猎、饲养家禽，构成了较为普遍的农村经济生产状态。唐代的农业耕作已熟练运用轮作、间作、套种等耕作技术。例如进行稻麦轮作的耕种方式，即春季种小麦，夏季种水稻，这样就可以实现一年两熟。虽然唐代改进了农具，水利灌溉较为便捷，但是农业生产仍然是高强度的体力劳动。按照均田制，每个丁口需要耕种1顷田地，这在没有现代化农业器械的唐代是一项极为沉重的负担。唐初对于田地种植的作物也有明确的规定，例如规定三年内必须在永业田中至少种植

50 棵桑树、10 棵枣树、10 棵榆树。① 因而，唐代农民的农耕劳动是非常繁忙的，白居易所写的《观刈麦》反映了唐代农民忙于农收的繁忙景象：

> 田家少闲月，五月人倍忙。
>
> 夜来南风起，小麦覆陇黄。
>
> 妇姑荷箪食，童稚携壶浆，
>
> 相随饷田去，丁壮在南冈。
>
> 足蒸暑土气，背灼炎天光，
>
> 力尽不知热，但惜夏日长。
>
> 复有贫妇人，抱子在其旁，
>
> 右手秉遗穗，左臂悬敝筐。
>
> 听其相顾言，闻者为悲伤。
>
> 家田输税尽，拾此充饥肠。
>
> 今我何功德，曾不事农桑。

---

① （唐）杜佑：《通典》卷二《食货典二》，中华书局，1982 年版，第 10 页。

> 吏禄三百石，岁晏有余粮。
>
> 念此私自愧，尽日不能忘。

为了抢在收获时节完成收割，农村的男丁们日夜在田间辛苦劳作。小麦在炎热的夏季收获，这更加重了面朝黄土背朝天的农民的艰辛。

在古代中国，农耕劳动主要由农村家庭里的男丁承担，妇女主要负责家务劳动和纺纱织布、饲养家禽等。但是到了农忙时节，妇女、儿童也都一起参与农事劳动。例如《观刈麦》所写的，妇女做好饭菜送到田间，有家庭贫困的妇女抱着年幼的孩子捡麦穗。

妇女在家庭中的贡献不仅如此，纺纱织布也是她们的工作。因此织妇也是唐代诗人经常书写的对象之一。例如，张籍《离妇》中写道：

> 昔日初为妇，当君贫贱时。
>
> 昼夜常纺织，不得事蛾眉。

再如孟郊《织妇辞》更加深刻地反映了织妇的生活境况：

夫是田中郎，妾是田中女。

当年嫁得君，为君秉机杼。

筋力日已疲，不息窗下机。

如何织纨素，自著蓝缕衣。

官家榜村路，更索栽桑树。

织妇日日所织的是丝绢，但自己却只能穿着粗布衣服，然而官府却还在不断地催种桑树。唐代大力推行劝课农桑的政策，积极鼓励农民种植桑树，养蚕抽丝纺织。蚕丝制成的丝绸不仅供应皇宫官家所用，还是重要的贸易商品。唐代施行租庸调税制，除了缴纳粟、麦、稻等实物田租以外，还需缴纳绢、布等纺织品。而这一负担有很大一部分最终其实是由不计其数的农村女性来完成的。

饮食

在饮食方面，农民的食物必然比不上皇室官僚的饮食那么丰富奢华，但是唐代小麦种植显著增加，也使得面食逐渐取代粟成为唐代百姓的主食。唐代主食主要包括饼、粥、饭等。盛唐时期，饼类食物尤其是胡饼非常受欢迎，此外有汤饼、蒸饼（馒头）、煎饼等。饭包括米饭、大麦饭、荞麦饭等。南方是水稻产区，多吃米饭。北方是小麦产区，多吃饼和粥。

《太平广记》中记载了一则与汤饼有关的故事：有一位读书人叫作牛生，从河东进京赶考，走到华州（今陕西渭南境内）的时候，到一客栈中住宿。当天下着大雪，牛生就让店家煮汤饼吃（汤饼是唐代一种常见的主食，类似于今天的煮面片）。黄昏时候，有一个衣衫褴褛的穷人，也来这家店里住宿。牛生看他可怜，便邀请他一同吃饭。这个人说："我没钱吃饭，今天已经饿着肚子走了一百多里路了。"说完一口气吃了四五碗汤饼，吃完便躺在床前地上睡着了，鼾声如牛。[①] 大体可以看出，唐代食用面食是非常普遍的。

日本圆仁和尚于公元 838 年来到中国求法，后来途经青州、登州（今山东蓬莱）时见到了当地农民的饮食情况。根据他在《入唐求法巡礼行记》中的记录，青州、登州一带农民的食物大多是粥和汤饭，甚至还有榆叶饭。由于当时青州、登州一带农村遭遇了严重的蝗灾，导致粮食匮乏，农民将榆树的叶子做成食物充饥，登州一带的农民还把橡子当成饭吃。[②] 唐代鼓励农民种桑树、枣树等，桑葚、枣也是一种食物的补充。此外，农村饲养的家禽畜类如鸡、猪、羊等也可提供一些蛋、肉等副食。到了唐代，蔬菜种类更加丰富了，常见的有马齿苋、蕨菜、菠棱菜、酢菜等。总之，唐代农民的饮食基本能够自给自足，但与粮食收成有较大关系。

---

① （北宋）李昉等编：《太平广记》卷三四八《编鬼三十三》，中华书局，1961 年版，第 2758、2759 页。

② 圆仁：《入唐求法巡礼行记》卷二，上海古籍出版社，1986 年版，第 94 页。

布衣

唐初，对于农民的衣服是有严格规定的，规定庶人只能穿布衣，不能穿丝制的衣服："流外及庶人服绸、绝、布，其色通用黄。"① 但是随着劝课农桑政策效果的显现，丝绸供应量越来越大，庶人也开始效仿宫廷官家绮罗锦绣式的穿衣风格，庶民穿丝制衣服的现象屡见不鲜，因而导致官方也开始允许庶人穿丝制衣服。而农民在日常劳动生活中的穿着也十分简朴，如刘禹锡《插田歌》中所写："田塍望如线，白水光参差。农妇白纻裙，农夫绿蓑衣。"插秧时节，唐代农村妇女穿的是白纻裙，也就是白色麻布做成的裙子，农夫往往头戴青箬笠，身穿绿蓑衣。

---

① （后晋）刘昫等撰：《旧唐书》卷四十五《舆服志》，中华书局，1975 年版，第 1952 页。

节庆

农民的农事生产劳动固然繁忙，但在繁重的体力劳动之余，节庆活动也为农民的生活带来了欢乐和调剂。盛唐时期的节庆活动丰富多样，有上元、寒食、清明、端午、乞巧（七夕）、中元、中秋、重阳、除夕等多种节日。这些节日，大多是农业耕种的时令，在耕种劳动的同时又能在节日的气氛中获得娱乐。清明原是祭祖的节日，但是百姓在祭祖的同时往往会去踏青、荡秋千、放风筝、蹴鞠等。重阳节时，百姓还会与亲友结伴登山。端午节的时候，会举行赛龙舟活动。这些节日里，农民群众都能够参与各式各样的活动，在庆祝节日的同时获得轻松愉快的体验。唐代的节庆活动相比于前代具有了更加浓厚的娱乐性质。唐代节庆活动之所以会呈现出普遍娱乐化的趋势，与唐代经济的发展是分不开的——农民群众生活水平的提高促进了其对于美好现实生活的追求。

唐代农村尤其兴盛的社日就是农民群众追求美好现实生活的集中反映。"社日"节庆在中国由来已久。简单来说，社日源于远古时代先民对于"社神"的崇拜。社神指的是"土地神"，先民们对赖以生存的土地进行崇拜，祭祀土地神的地方就称为"社"。社日即祭祀土地神的节日。社日起源于三代，到唐代达到兴盛。社日在唐代农村社会中是极为重要的节日，每年有春社和秋社两次社日，立春后的第五个戊日为春社，立秋后的第五个戊日为秋社。唐代的社日节庆十分隆重，官员放假一天，皇帝及各级官员会进行盛大的祭社活动。据记载，皇帝还会赐给官员节庆物品，如羊酒、海味、酒面、粳米以及蒸饼等。官员也会在社日宴饮亲朋、结伴郊游。也有一些官员由于家乡路远，无法与亲友团聚，每逢社日更加思念故乡，如韦应物《社日寄崔都水及诸弟群属》：

山郡多暇日，社时放吏归。

坐阁独成闷，行塘阅清辉。

春风动高柳，芳园掩夕扉。

遥思里中会，心绪怅微微。

社日这一天，不仅官员放假庆祝，百姓也会暂时放下繁忙的劳动，享受节日的欢乐。张籍在《杂歌谣辞·吴楚歌词》中就写道：

庭前春鸟啄林声，红夹罗襦缝未成。

今朝社日停针线，起向朱樱树下行。

妇女在社日这一天会停下针线，和女伴们欢聚出行。王驾《社日》更是明确反映出村民们在社日欢庆的景象：

鹅湖山下稻粱肥，豚栅鸡栖半掩扉。

桑柘影斜春社散，家家扶得醉人归。

村民们在社日这一天外出宴饮，饮酒至深夜才恋恋不舍地回家。

唐代乡村社日的社会交往功能是非常值得我们关注的。农村社日的庆典活动包括两大部分：祭祀和宴饮。唐代鼓励乡村进行祭社活动。因而，乡村往往以村为单位组织村社，甚至乡亲们会自发组织私社，为每年的春秋二社活动做充分的准备。普遍存在的村社和私社，一方面使得官方重视农业发展的基本政策在农村得到贯彻；另一方面活跃了农村的社会组织，通过社日活动加强了村民之间的联系。而作为村社和私社成员的乡民们，往往会想方设法将社日活动举办得像模像样，因而迎神赛社就成为了乡村社日的必备节目。即便是在偏远的乡村也不例外，如王维的《凉州郊外游望》就描写了一个凉州人烟稀少的乡村，在庆祝社日的时候依然非常隆重：

> 野老才三户，边村少四邻。
>
> 婆娑依里社，箫鼓赛田神。
>
> 洒酒浇刍狗，焚香拜木人。
>
> 女巫纷屡舞，罗袜自生尘。

从这一系列描写社日景象的唐诗中可以看出，乡村的社日活动不仅是祭祀土地神、祈求丰收的日子，也蕴含着村民们互相交游、共享欢乐、加强乡村社会联系的功能。

唐代乡村治理的基层组织是乡里制。中央王朝建立乡里制的目的是推进均田制和保障赋税的顺利征收，里正的主要职责就是督促生产和缴纳赋税。具体来说，乡里制通过管理户籍、劝课农桑、维持治安、征收赋税、征发劳役等具体的行政行为维系了乡村社会的稳定发展。也就是说，乡里制实际上是通过行政手段完成乡村基层治理的。

那么，唐代农村社会内部的结构是怎样的呢？在中央王朝建立的乡里制这种行政体系之外，宗族和乡绅以及乡村自治组织也在乡村社会中发挥着重要的作用。宗族作为一种建立在血缘关系上，世代同住的组织，掌握着对族人进行价值判断的话语权，因而对其宗族成员的日常生活具有深远的影响。然而整体而言，唐代宗族正处在由魏晋时期世族宗族向庶人宗族进行转变的历史时期。[①] 这一变化是伴随着门阀政治在唐代走向衰落而进行的。魏晋南北朝时期，世族宗族作为一个宗法血缘集

① 马新、齐涛：《试论唐代宗族的转型》，《文史哲》，2014 年第 2 期。

团仍然世居乡村，并且在乡村社会拥有政治权力甚至是一定的军事权力。然而在唐代，逐渐建立起一套较为完善的官僚体系，地方上的世族宗族以往所享有的政治权力被削弱，以致最终被纳入官僚体系。尤其是随着科举制度逐渐成为取士的主要途径，旧时的世族宗族为了接近权力的中心，大多选择从乡村迁至城市。这样一来，导致士人不再居住在乡村，出现"士无乡里，里无衣冠"的现象。① 与此同时，乡里制作为中央王朝治理乡村的基层行政组织在一定程度上取代了宗族的传统功能。因而一些学者也认为，唐代是宗族衰落的时期。但是，应该看到唐代宗族并没有消亡，而是在进行着内部体系的演化——影响后世的家谱、家规、家法在唐代不断涌现出来。这也说明了唐代宗族事实上在乡村社会中发挥着在伦理道德层面自我约束、自我调节的作用。

社邑作为一种自治组织，在唐代乡村社会中也发挥着很大作用。社邑除了组织村民进行社日活动、进行祭祀以外，其本

---

① （宋）欧阳修、宋祁撰：《新唐书》卷一九九《列传一百二十四·柳冲传》，中华书局，1975 年版，第 5678 页。

身处在村民的社会交往结构中，在丧葬礼仪、农事生产、人际交往、文化风尚等方面起到了维系乡村社会秩序的重要作用。然而，这种乡村自发组织很少进入史籍记录。但是，敦煌文书中保留了有关社邑组织的一些资料。《敦煌社邑文书辑校》整理了相关文献，虽然仅记录了敦煌一地的社邑文书，但是我们仍然可以从中了解唐代乡村社邑的运行机制。社邑由乡村社会自然自发组织形成，有研究认为，乡民模仿官方基层组织成立了社邑。[①] 在社邑成立后，往往会制定明确的社条形成管理体制。社邑积极参与了乡民人生中非常重要的婚丧嫁娶礼仪活动，同时还有互济的性质，如唐初白话诗僧王梵志诗云：

> 遥看世间人，村坊安社邑。
>
> 一家有死生，合村相就泣。

再比如白居易《朱陈村》一诗：

---

① 耿元骊：《结社相资：唐五代宋初乡村生存秩序的自我维系》，《河北学刊》，2022 年第 3 期。

徐州古丰县，有村曰朱陈。

去县百余里，桑麻青氛氲。

机梭声札札，牛驴走纭纭。

女汲涧中水，男采山上薪。

县远官事少，山深人俗淳。

有财不行商，有丁不入军。

家家守村业，头白不出门。

生为村之民，死为村之尘。

田中老与幼，相见何欣欣。

一村唯两姓，世世为婚姻。

亲疏居有族，少长游有群。

黄鸡与白酒，欢会不隔旬。

生者不远别，嫁娶先近邻。

死者不远葬，坟墓多绕村。

在重大事宜中，乡民彼此提供支援互助，因而一定程度上提供了生存保障和情感寄托。

　　总体而言，唐代农村生活基本能够做到自给自足，但乡村社会也因此较为封闭。就像白居易写的《朱陈村》里的生活那样，唐代的乡村大多过着男耕女织的农耕生活，就连婚姻关系都仅在朱陈两姓间进行。生前是朱陈村的人，死后也葬在朱陈村，绝少离开故乡。

　　唐代农业经济的发展促进了城市的建设，城市作为官员、士人、商贾、手工艺人的聚集地，贸易经济的发展使得城市生活丰富多彩。然而乡村仍然保持着较为封闭的生产生活状态，这导致唐代城乡差距不断扩大。

五

女
性

长干行·其一

李白

妾发初覆额，折花门前剧。

郎骑竹马来，绕床弄青梅。

同居长干里，两小无嫌猜，

十四为君妇，羞颜未尝开。

低头向暗壁，千唤不一回。

十五始展眉，愿同尘与灰。

常存抱柱信，岂上望夫台。

十六君远行，瞿塘滟滪堆。

慈母、贤妻与美人

概括而言，唐诗所描写的女性形象大致可以分为三类：慈母形象、贤妻形象和美人形象。比如孟郊笔下的"慈母手中线，游子身上衣"，又如"老母与子别，呼天野草间"（李白《豫章行》），再如"慈乌失其母，哑哑吐哀音。昼夜不飞去，经年守故林"（白居易《慈乌夜啼》）。

李白《长干行》中描写了一位女性因丈夫离家而忧思萦怀的场景。这首诗以女性口吻刻画了一个思念远行丈夫的女性形象，女性回忆年少时和郎君青梅竹马、两小无猜的往事，感触于丈夫远行经商两年不得相见的漫长时光，从中反映出女性渴望与丈夫团聚的感情。《长干行》同样也书写了女性的婚恋生活。但是诗人李白真正的意图并不止于抒发女性离别思夫的感情，而是在诗中寄托了更为深远的政治理想。这在其他几首以女性为题材的诗中表现得更为明显，例如:《秦女卷衣》"微身奉日月，飘若萤之光";《怨歌行》"宁知赵飞燕，夺宠恨无穷";《春思》"当君怀归日，是妾断肠时。春风不相识，何事入罗帏"。这几首诗的表层内容书写女性的思夫之情，内涵意蕴则将思妇之情比附自己怀才不遇的遗憾，渴望明君青睐，实现高远政治抱负的情怀。再如杜甫《佳人》"绝代有佳人，幽居在空谷。自云良家子，零落依草木"，描写了遭遇家庭变故的女子又受到夫家冷落的悲惨命运，借女子的家庭变故比喻安史之乱的国家离乱之情。虽然这位家道中落的女性遭受了丈夫的不公待遇，但是仍然坚持了高尚的品格——"天寒翠袖薄，日暮倚修竹"。杜甫借妇女形象抒发了乱世背景下的士人仍然不屈不挠，葆有高洁的情操。

唐代以女性为描写对象的诗歌众多，大抵承袭了屈原《楚辞》美人喻的写作手法，以及先秦时期诗以言志的书写传统。因而，唐代诗歌中的女性意象实际上是作为一种借以言志的寄托而出现的。这就形成了唐代女性题材诗歌的独特之处：诗人对于女性意象的描摹是表，在女性意象的书写表象下寄托着遇明君、报家国的理想抱负或者对于社会现实的讽喻，前者是诗歌的表象，而后者才是诗歌的主旨。

四大女诗人之李冶、薛涛

虽然从人数来看，唐代男性诗人的数量占据了绝对的优势。但唐代也出现了一些优秀的女诗人。这些女性诗人从女性角度书写女性的生活世界和思想世界。其中最具代表性的有李冶、薛涛、鱼玄机和刘采春，她们并称唐代四大女诗人。

李冶，字季兰，出生于浙江一个富裕家庭，自小饱读诗书，6岁便能作诗。11岁时，她被父母送到玉真观出家为女道士。据称，李冶善音律，性格豁达，与陆羽、刘长卿、朱放等文人结下了深厚的友谊，互相酬酢。李冶的诗集已经散佚，仅存的十几首诗歌大多属于友人酬酢。例如《寄校书七兄》：

> 无事乌程县，蹉跎岁月余。
>
> 不知芸阁吏，寂寞竟何如？
>
> 远水浮仙棹，寒星伴使车。
>
> 因过大雷岸，莫忘几行书。

这首诗是写给做校书郎的七兄，由自己的寂寞联想到做校书郎的七兄的寂寞境况。

还有《湖上卧病喜陆鸿渐至》：

昔去繁霜月，今来苦雾时。

相逢仍卧病，欲语泪先垂。

强劝陶家酒，还吟谢客诗。

偶然成一醉，此外更何之。

诗人李冶生病期间，友人陆鸿渐来访，还没说话眼泪便先流下来，在吟诗饮酒的气氛中，诗人的心情逐渐明朗。李冶作为一名女性诗人，在她的诗句中绝少看到女性的柔弱，她光明磊落地与男性友人交往，勇敢地用诗歌表达深厚的友谊，"偶然成一醉，此外更何之"更是道出了女诗人的豁达。李冶的另一首诗《八至》中更是融入了思辨的哲理：

至近至远东西，至深至浅清溪。

至高至明日月，至亲至疏夫妻。

从此诗中可见诗人对于远近、深浅等自然现象的哲学思考，从而推演至夫妻关系的反思。可叹的是，李冶暮年被召至长安，卷入泾原兵变，受牵连而死，未得善终。

薛涛，字洪度，出生于长安的一个官员家庭。她自幼也接受了良好的教育，但后来其父薛勋因得罪权贵被贬到四川，她便也跟随父亲迁居蜀中。几年后，薛勋出使南诏，却因感染瘴疠去世了。父亲死后，一家人的生计没有着落，16 岁的薛涛入了乐籍，成为了一名官伎。薛涛不仅擅长写诗，还精通乐律，在蜀地红极一时。当时的著名文人，如白居易、张籍、王建、刘禹锡等人都和她有来往。薛涛虽然身为女子，但与四川官员来往频繁。据说韦皋任剑南西川节度使时，曾令薛涛现场赋诗一首，韦皋赞不绝口。这首诗便是《谒巫山庙》：

乱猿啼处访高唐，路入烟霞草木香。

山色未能忘宋玉，水声犹是哭襄王。

朝朝夜夜阳台下，为雨为云楚国亡。

惆怅庙前多少柳，春来空斗画眉长。

　　韦皋颇为青睐薛涛的文采，把一些文书工作交给她，据说甚至上奏唐德宗授予她校书郎官职，虽然最后没能实现，但是时人都称薛涛为"女校书"。由于薛涛与韦皋的私交甚厚，很多到四川的官吏都先给她送礼。韦皋因此被激怒，罚薛涛到松州。薛涛因而写下著名的《十离诗》向韦皋请罪。她在诗中书写了十种主人宠爱的东西因犯错而被离弃的遭遇来自比，其中《笔离手》写道"越管宣毫始称情，红笺纸上撒花琼。都缘用久锋头尽，不得羲之手里擎"；《镜离台》写道"铸泻黄金镜始开，初生三五月徘徊。为遭无限尘蒙蔽，不得华堂上玉台"。《十离诗》写得情真意切，韦皋看后便又让薛涛回到成都。之后武元衡任剑南西川节度使，也很欣赏薛涛，想授予她官职。但是薛涛坚持退出乐籍，过起了悠然自得的隐居生活。

　　薛涛与才子元稹之间，还有一段缠绵凄恻的爱情故事。元和四年（809 年）的初春，时任监察御史的元稹到四川履职，主动寻访薛涛。薛涛一见元稹便被其吸引，暗生情愫。这对才子佳人在四川度过了几个月的美好时光，七月便迎来了离别。元稹离开四川后，薛涛将思念之情转化为诗歌，两人频频鸿雁传情。在这期间，薛涛为了写诗，还把信笺纸染成桃红色，裁成适宜写诗的窄笺，她创制的这种信笺被称为"薛涛笺"。直到元和九年（814 年），两人才再次会面，沉浸在重逢喜悦中的薛涛，仍然在期待着元稹兑现承诺，娶她为妻。但人世飘零，元稹在经历了数次贬谪后，最终娶了一位世家女裴淑。薛涛写下《望春词》，从此出家为道士，终生未嫁。

才华不让须眉的薛涛，早年虽为一名官伎，但依靠自身的才能与为人处世的能力，在四川官场中如鱼得水，与数任镇成四川的官员都有私交。在这段无疾而终的恋情之后，她最终选择了隐居生活。王建曾为她写作一首《寄蜀中薛涛校书》："万里桥边女校书，枇杷花里闭门居。扫眉才子知多少，管领春风总不如。"这首诗是说，虽然有许许多多的才子为她倾倒，但她依然坚定地选择闲适的隐居生活。

薛涛的晚年生活就在写字吟诗中度过，虽然隐居，但是她仍然关心时事。有一首著名的《筹边楼》就是例证：

平临云鸟八窗秋，壮压西川四十州。

诸将莫贪羌族马，最高层处见边头。

筹边楼位于四川成都西郊，是李德裕任西川节度使时筹建的。李德裕到任前，四川受到了南诏的袭扰，百废待兴。《资治通鉴》载："德裕至镇，作筹边楼，图蜀地形，南入南诏，西达吐蕃。日召老于军旅、习边事者，虽走卒'蛮夷'无所间，访以山川、城邑、道路险易，广狭远近，未逾月，皆若身尝涉历。"[①]李德裕到任后，立即整顿边防，建筹边楼，对当地的山川、城邑、道路、关隘进行详细的调查研究，并绘制舆图，做出了正确的部署。李德裕任西川节度使期间，稳定了边疆局势，有力保障了西川境内的安宁。然后在李德裕调离西川后，边患再起，薛涛感怀时局，写下了《筹边楼》。这首诗意境宏阔，抒

---

① （宋）司马光编著：《资治通鉴》卷二四四，唐文宗太和四年十月戊申，中华书局，1956年版，第7872页。

发了女诗人深厚的家国情怀。

　　唐代男性诗人对女性形象的塑造，大多遵从儒家伦理道德，可以归纳为慈母、贤妻、美人三类形象，从中或抒发对于慈母、贤妻女性的赞赏，或以美人自比抒发期待明君青睐的情怀。在这些诗歌中，无论是慈母、贤妻，还是美人，女性本身的自我都不约而同地受到忽视。然而，从这些女诗人的作品中则可以看到十分有趣的现象：她们的诗歌并不柔弱，描写婚恋生活的诗歌其实并不多，她们在诗歌中大胆地流露女性自我，有对人生哲理的探索，有对友人的酬酢，也有对于人生况味的寻觅，更不乏家国情怀的表达。她们创作的诗歌意境在细腻柔美之外，也有"壮压西川四十州"的雄壮，还有"偶然成一醉，此外更何之"的洒脱。晚唐女诗人鱼玄机的《游崇真观南楼睹新及第题名处》写道"云峰满目放春晴，历历银钩指下生。自恨罗衣掩诗句，举头空羡榜中名"，表达了自己作为女性无法参加科举考试，空有才华，无法和男子平等竞争的遗憾。虽然唐代女性诗人数量少，留下的诗作少，但是她们的诗歌中却表达了更加多维的女性世界。

莺莺与张生

　　唐代出现了一种新的文学体裁——传奇。唐传奇是一种叙事文学体裁，为在魏晋南北朝神异志怪小说的基础上进一步发展形成。唐传奇以叙事为主，注重情节铺陈，或叙述奇闻逸事，或叙述男女幽情，中间穿插诗词推动故事发展，在讲故事的同时兼备文采，结尾时往往再进行总结议论。这种文体在唐代极受欢迎，上至皇家官员下至黎民百姓，都喜欢阅读传奇或听以传奇为蓝本的说书。不同以往，女性形象是唐传奇作品非常关注的内容，唐传奇也开创了叙述男女婚恋故事的"才子佳人"小说叙事模式。其中最具代表性的作品便是元稹的《莺莺传》。

　　《莺莺传》叙述了张生和崔莺莺曲折的爱情故事。贞元年间，有一位书生名叫张生，张生温文尔雅，性情温和、容貌俊美。23岁的张生风华正茂，而且坚守德行，洁身自好。朋友嘲笑他不近女色，他只是说自己并非不解风情，而是要等待一个能让自己动心的品貌才华俱佳的女子，因此不愿随随便便地拈花惹草。张生的初次心动很快到来了。唐代佛教盛行，各地修建了大量的佛寺。唐代的佛寺还兼有旅店的功能，很多外地旅人、客商、书生等在旅途中常常借住在寺庙中。张生旅居普救寺时，遇到了17岁的崔莺莺。崔莺莺生得美丽脱俗，元稹这样写道："垂鬟接黛，双脸销红而已，颜色艳异，光辉动人。"宛如出水芙蓉的崔莺莺一出场，便令张生看呆了，正所谓一见钟情。张生便在席间用话试探莺莺，但是莺莺并不理会他。这次会面之后，坠入情网的张生想要向崔莺莺表达爱慕之情，但又苦于没有媒介。

在唐代的日常生活中，男女有别，男女授受不亲的思想深入人心，直接表达爱意将被视为不守礼节的"登徒子"。张生便请莺莺的贴身侍女红娘暗中传情，红娘听了直接羞红脸颊，飞也似的逃跑了。张生以为此事没有下文了，没料到第二天红娘竟然主动来找他，直接问他为何不请媒人提亲。张生回答说，自己从小洁身自好，但自从见了莺莺一面便为之倾倒，几天下来寝食难安，如果要按照媒妁婚姻的礼数，纳采问名等一套程序走下来，要三个多月，等不到那时，恐怕已经成了枯死的鱼了。

　　我国极为重视婚姻礼仪，早在先秦时期就形成了一套完整的婚礼制度，那时将婚礼称为"昏礼"，这是由于黄昏是阴阳交接的时刻，象征着阴阳结合，因而婚礼也在黄昏时举行。据《仪礼·士昏礼》载，婚礼包括六个步骤：纳采、问名、纳吉、纳征、请期、亲迎。纳采，指的是男方看中了某家的女孩，就会准备纳彩礼，一般为大雁，请媒人前去说明情况，征求对方意见。第二步是问名，男家行纳采礼后，再托媒人询问女方的名字和出生年月及时辰，以便卜问吉凶。第三步是纳吉，民间也称为"过大贴""换鸾书"，男方父母将自己儿子的生辰八字托媒人带给女方。第四步是纳征，男方向女方家里送聘礼，先秦时期的聘礼为一束锦、两张鹿皮，随着时代的演进，聘礼越来越复杂，唐代聘礼包括九种：合欢、嘉禾、阿胶、九子蒲、朱苇、双石、棉絮、长命缕、干漆等。第五步是请期，男家择定吉日，请媒人与女家商议婚期。最后一个步骤就是亲迎，男方在婚期当日亲自到女家迎娶新娘，新娘登上男方的马车，一起回男方家里，便完成了婚礼的整个程序。

　　想必红娘被张生的痴情所打动，竟然为张生出主意，她说崔莺莺乃大家闺秀，非常珍惜自己的贞名，自己作为一个婢女去替张生传情，必然会惹她恼怒，但是莺莺喜爱吟诗，你可以写诗送给她。张生大喜，随即写下两首情诗交给红娘。当天晚上，红娘便拿着莺莺写的彩笺来了。信上写了一首《明月三五夜》："待月西厢下，迎风户半开。拂墙花影动，疑是玉人来。"聪明的张生立刻读懂了这封信，他趁着夜色，爬上西厢墙外的一棵杏树，翻墙来到莺莺住的西厢。正像诗里写的那样"迎风户半开"，张生进来后却发现红娘躺在床上。红娘吓了一跳说你怎么来了。张生回答："是崔姑娘写信叫我来的，你替我转告她。"没一会儿，红娘回来了，连声说这就来了。张生兴奋不已，可没想到，莺莺出来神情严肃地教训了他一通，质问他为何让不守礼节的奴婢传递淫逸之词，这样的行为和登徒子没有什么区别。莺莺说原想告诉母亲，可是这样便会出卖了他，如果让红娘传话，又怕引起误会，自己在信中说明又怕他不明白，左思右想便用"鄙靡之词"吸引张生过来，当面和他解释清楚。莺莺最后还要他恪守礼数，不要再来打扰她。说完这一番话后，莺莺便走了。留下张生一人，陷入了绝望。

　　张生以为和莺莺再无缘分了，可没想到峰回路转。几天后的夜晚，张生正在睡觉，红娘来了，而且带着枕头被褥铺在床上，又挽着莺莺进来。这天晚上的莺莺娇羞依人，和当时训斥他的莺莺判若两人。第二天早晨，红娘才催促莺莺离开。这一夜幽会，让张生觉得是在做梦一般。直到看到手臂上的脂粉，闻到衣服上的香味，才知道这是真的。十几天后，张生没有莺莺的任何消息。他写下了《会真诗》三十韵托红娘送给莺莺。莺莺读了这首情诗以后，就开始了与张生频繁的约会。每天晚上张生与莺莺在西厢同住，维持了一个月。后来张生要离开莺莺去长安，临别许下承诺，莺莺虽然不阻拦他，然而"愁怨之容动人矣"。几个月后，张生又从长安回来，继续和莺莺幽会。这段时间里让张生对莺莺产生了某种疑惑。莺莺是善于写文章的，张生每每向她求文，都没有得到。在张生看来莺莺明明是一个言辞敏捷的人，但平时却沉默寡言；明明对张生情深义重，却并不向他表达。那时的莺莺时常愁容满面，常常在深夜时独自一人弹琴。张生让她为自己弹奏的时候，她却又不弹了。莺莺的这一切行为让张生无法理解，甚至觉得自己并不了解莺莺，无法走进她的内心世界。时间流逝，张生要去长安赶考了，莺莺仿佛已经预料到最终的结局，对张生说道："始乱之，终弃之"，自己不敢有怨恨，从开始到终结，都是张生给自己的恩惠，即便是山盟海誓，也有终结的时候。在这临别之时，莺莺终于给张生弹了一曲《霓裳羽衣曲》，但是才弹了几个音符，便泣不成声。莺莺扔下琴，去了母亲那里，再没回来。

第二年，张生科考没有成功，留在长安，和莺莺的这场爱情故事终结了。朋友们听了这段故事都为之惋惜，张生则为自己找了一个"完美"的解释"大凡天之所命尤物也，不妖其身，必妖于人"，将莺莺比作"尤物""妖女"，对与莺莺的爱情进行了"妖女艳遇"的定性，因而他以事业为重，了断了这段感情，为这段过往找到了让自己信服的阐释。再后来，莺莺嫁给别人，张生也娶了妻子。张生经过莺莺家的时候还想求见叙旧，但莺莺始终没有露面，只送给他一首诗："弃置今何道，当时且自亲。还将旧时意，怜取眼前人。"

在元稹的《莺莺传》中，大多是以张生的视角来进行书写，但梳理整个故事线索可以发现，实际上在两人关系里掌握主动权，推动故事情节发展的其实是莺莺。张生对莺莺的爱慕是盲目的，只见了莺莺一面，便为她的美色所倾倒。莺莺收到张生的情诗后是什么样的心情和反应，在文章中没有揭示。张生爬树翻墙也是收到了莺莺的回信后做出的举动。第二次会面，莺莺又掌握了主动权，容仪端庄地斥责了张生的失礼。既然拒绝了张生的表白，为何又自荐枕席？作品中也没有交代。想必莺莺通过张生的诗和两次会面也对他心有所属，而不愿错过，便出此下策。这种行为在唐代男女大防的社会环境下，是极为危险的。但是莺莺仍然勇敢地做出了和张生幽会的决定，在婚前和他过起了同居生活。《莺莺传》对于莺莺内心的展露不多，但是从张生对莺莺的诸多疑惑中可以看出，莺莺是清醒的，她预料到两人感情的悲剧结局，因而控制自己不过分沉溺于感情，不给张生写文章，也不为他弹琴，而是把苦闷埋在心里。当张生留在长安以后，莺莺也能够洒脱地告别，寻找婚配的良人。反而张生对于这段感情看似主动实则被动，他自始至终不理解莺莺的所思所想，甚至怀疑莺莺对他有没有感情，所以才给这段过往寻找了一个自己看重事业、不与"妖人"纠缠的合理解释。总之，元稹所塑造的莺莺形象，是一个主动寻爱，又不耽溺于爱情的十分清醒的女性形象。莺莺对于爱情有美好的向往，但同时没有丢掉自主意识，虽然在讲究门第的婚姻观念下，这段恋情没有修成正果，但是她也能够不留恋地进入人生下一个阶段。元稹的《莺莺传》开创了才子佳人传奇书写模式。后世文人往往为张生和莺莺的结局感到遗憾，因而重新塑造了终成眷属的结局，如董解元《西厢记诸宫调》、王实甫《西厢记》杂剧等。

唐传奇作品中塑造了众多的女性形象，有在封建伦理道德桎梏之下勇敢追求爱情的名门闺秀崔莺莺，也有文武全才平定藩乱的侠女红线。这些女性人物虽然是文学作品中的虚构形象，但是在一定程度上反映了唐代女性的社会处境，她们都受到了封建伦理道德的强烈约束，但是她们勇敢追求爱情，渴望施展才华，实现自我价值，表现出了被压抑的女性自我意识。更难能可贵的是，唐传奇的男性作者敏锐地发掘了多姿多彩的女性世界，并且用叙事的方式将这些唐代奇女子的生活展现出来。

商贾

丁督护歌

李白

云阳上征去，两岸饶商贾。

吴牛喘月时，拖船一何苦。

水浊不可饮，壶浆半成土。

一唱都护歌，心摧泪如雨。

万人凿盘石，无由达江浒。

君看石芒砀，掩泪悲千古。

开元年间的唐朝之所以被誉为"盛世"，一方面是由于国力强盛和社会安定，另一方面是由于商业贸易飞速发展。盛唐时期商业的兴盛使得城镇呈现出一番欣欣向荣的景象。正像《丁督护歌》中所写的那样，李白沿京杭大运河路过云阳（今江苏丹阳）时，看到了运河两岸商贾熙熙攘攘的繁荣场景。

估客

　　盛唐时期，许多城市的商业闻名遐迩，例如长安的东西二市、洛阳的三市。东南沿海地区由于交通便利、货物畅通也出现了很多商业发达的城市，例如扬州、杭州、广州、泉州等。内地的成都、汉口也是商业兴盛的城市。就连西域地区的敦煌，由于地处丝绸之路的枢纽，也成就了繁荣的商业。不仅城市里商业繁荣，在广大的乡村也形成了热闹的乡村集市——草市。中国传统时代对于民众进行了职业划分，分为四类：士、农、工、商。农业是中国古代最根本的经济支柱，历代王朝都非常重视农业的发展，"重农抑商"也成为了传统的经济思想。然而随着商品经济的发展，唐代从事商业的人数众多，成千上万的商贾穿梭于城镇与乡村、区域与区域甚至国内与国外之间，商人们的商业活动促进了唐代商品经济的发展，他们的日常生活同样值得探究。

估客乐

元稹

估客无住著，有利身则行。出门求火伴，入户辞父兄。

父兄相教示，求利莫求名。求名有所避，求利无不营。

火伴相勒缚，卖假莫卖诚。交关但交假，本生得失轻。

自兹相将去，誓死意不更。亦解市头语，便无邻里情。

输石打臂钏，糯米吹项璎。归来村中卖，敲作金石声。

村中田舍娘，贵贱不敢争。所费百钱本，已得十倍赢。

颜色转光净，饮食亦甘馨。子本频蓄息，货贩日兼并。

求珠驾沧海，采玉上荆衡。北买党项马，西擒吐蕃鹦。

炎洲布火浣，蜀地锦织成。越婢脂肉滑，奚僮眉眼明。

通算衣食费，不计远近程。经游天下遍，却到长安城。

城中东西市，闻客次第迎。迎客兼说客，多财为势倾。

客心本明黠，闻语心已惊。先问十常侍，次求百公卿。

侯家与主第，点缀无不精。归来始安坐，富与王者勍。

市卒酒肉臭，县胥家舍成。岂唯绝言语，奔走极使令。

大儿贩材木，巧识梁栋形。小儿贩盐卤，不入州县征。

一身偃市利，突若截海鲸。钩距不敢下，下则牙齿横。

生为估客乐，判尔乐一生。尔又生两子，钱刀何岁平。

元稹《估客乐》用乐府诗的形式叙述了唐代商贾的人生经验，可谓唐代商人生活的真实写照。为了方便理解，我们姑且把这位商贾称为张三。唐代有一位商贾人称张三。张三生活的年代里，很多人靠着做买卖发家致富。商贾在那时又被叫作"估客"，意思就是行商，这个称呼十分恰当地描述了商贾的身份：估就是做买卖，买卖人行走四方，但是到了哪里都是"客"。张三成年后也打算经商为生。身为估客，事事要以利为先，故人云"天下熙熙皆为利来，天下攘攘皆为利往"。估客没有什么执念，哪里有利可图就去哪里。临行前，张三出门和朋友们告别，回到家又向父亲哥哥们告别。父亲哥哥们对他语重心长地交代经商的经验——出门需谨记"求利莫求名"，求名必然会有所避讳，求利则什么买卖都可以做。伙伴们也劝他——"卖假莫卖诚"，宁可卖假货不要卖诚意；出门在外不要结交虚伪的朋友，否则不但无利可图，就连本钱都将不保。

　　早在先秦时期，中国思想家便对义与利孰轻孰重进行了深入的思考。儒家思想从伦理道德的角度出发，孔子认为"义以为上"，孟子认为"仁义而已"，都是推崇"重义轻利"的。然而，从《估客乐》诗歌中的叙述可见，在商业快速发展的唐代，对于真正以商为业的商人而言，中国传统的"重义轻利"的观念，呈现出逐渐被"重利轻义"的观念所替代的现象。但我们需要注意的是，实际上在唐代的主流思想认识中，商人"重利轻义"的行为是不值得提倡的。陆贽认为："夫理天下者，以义为本，以利为末。本盛则其末自举，末大则其本自倾。自古至今，德义立而利用不丰，人庶安则财货不给，因以丧邦失位者，未之有也。"①在陆贽的观念里，义是本，利是末，一味地追求利益，枉顾仁义，是舍本逐末的行为，自古以来，历朝历代只要遵从仁义道德的要求，自然会实现经济的繁荣发展。陆贽的这一观念仍然代表着唐代对于商业的主流认识。因而在一些唐代

---

　　① （后晋）刘昫等撰：《旧唐书》卷一三五《列传八十五》，中华书局，1975 年版，第 2559 页。

文学作品中，也出现了对商人唯利是图的特点进行批判的书写现象。

张三离开了家乡，发誓从此以后一心经商。进入估客行业中历练了几年后，张三渐渐地学会了行业里的规矩，熟练运用着集市街头做买卖的专业话语，也渐渐地忘却了在故乡时的人情。张三都做些什么生意呢？他的主营业务就是倒买倒卖，只要能够盈利，什么生意都做。比如首饰、珍珠、玉石、丝绸、蜀锦，甚至还有羌人的马和吐蕃的鹦鹉。张三从大城市的市场上低价购买臂钏、手镯、项璎等女性用的饰品，再运到村里售卖。乡村里的妇女不敢讨价还价，销售额已经超过了本钱的数倍。张三下海收过珍珠，到荆山、衡山找过玉石，到党项买过羌人的马匹，到吐蕃捉过鹦鹉，到南方买过石棉布，到四川收过蜀锦。就这样，张三走南闯北，什么东西好卖、稀有，他不远万里也去寻找，足迹几乎遍布整个大唐。辗转多年后，张三来到长安，见到东西两市的繁华，最终安定在这里。张三在长安城安家立业，还生了两个儿子，大儿子做木材生意，小儿子贩盐。张三这一生都在为了商业利益劳身费心，而钱哪有赚完的时候呢？

　　元稹《估客乐》描写了估客从离开家乡踏上商旅，走南闯北，倒买倒卖想尽一切办法赚取商业利润，最终在长安安定下来，并且将经商理念传承给后代。他的一生是不计其数的唐代商人的影子。在他身上，我们也能够看到唐代商业形态的一些共性。首先，唐代商人的经商形式。唐代的大多数个体商人也许就是《估客乐》中写的那样，具有投机的属性，他们非常熟悉各地的土产，也能够敏锐地判断出什么货物在什么地方能够卖出高价，因而到处奔走，低价买进，高价卖出。其次，唐代商人的心态变化——重利轻义。如前文所述，虽然在唐代的主流思想认识中，仍然推崇仁义为重，但在民间，尤其对于以经商为生的商人而言，他们不再避讳自己"重利轻义"的观念，甚至以"求利"作为自己经商的基本原则。从商品经济的产生和发展来看，商人作为买方与卖方之间的媒介，"求利"也正是他们存在的根由。第三，唐代商人对于社会经济发展的推动作用。商人不畏艰险，北上买羌人的良马，再把马卖到中原地区；南下收购蜀锦，再贩卖到北方。这些看似微不足道的个体商业活动，将不计其数的估客的商业行为汇聚起来则会产生巨大的商业效应，他们刺激了民间消费需求，加速了区域与区域之间的商品流通，极大地促进了社会经济的发展。此外，区域间的贸易网络正在形成。长江流域一带的农作物、经济作物生产极大发展，成为具有巨大商业潜力的区域。江南的丝绸、北方游牧族群的马匹、四川的蜀锦甚至南方地区的石棉布都在估客倒买倒卖的行为中进入到商品流通中，区域与区域间的经济交流日益频繁，商品的流动与人的流动正在构建一个遍布全国的贸易网络。

我们从《估客乐》中能够从微观视角观察到个体商人的从业路径。《估客乐》中也提到了长安东、西两市，那么唐代的商业运行模式及其管理制度是怎样的呢？具体而言，唐代初期，实行坊市制度，而且将坊市直接纳入到了行政管理体制之内，主要由太府寺进行管理。长安及各州、县均设市，市的所在地往往设在州治、县治所在地。长安的市由太府寺直接管辖，州、县的市由所在地方政府进行管理。各地设市署，其长官为市令，属吏包括丞、录事、佐、府、史、典事、掌固、师等。[①]唐初对于商业的管控非常严格。市场往往设在固定的一坊或几坊，与其他坊严格地区别开来，以长安为例，东市、西市各占大约两坊空间。市场要在规定时间内开放，而且没有晚市。《唐六典》载："凡市以日午，击鼓三百声而众以会；日入前七刻，击钲三百声而众以散。"[②]唐初诸市正午时刻开市，以击鼓三百声为信号，日落前七刻，傍晚时候闭市，以击钲三百声为信号。闭市以后，除了有特殊情况持许可证的人以外，任何人不得进入市场。唐初对于坊市的严格管控，一方面是为了维持市场安全，另一方面也是最为重要的因素就是为了将商业的发展控制在政府行政体系之下。

---

① 《唐六典》卷二十《太府寺》，中华书局，2014 年版，第 1 页。
② 《唐六典》卷二十《太府寺》，中华书局，2014 年版，第 7 页。

商业中心地

　　唐初施行均田制，土地分配制度和赋税制度紧密联系。商业的发展势必会导致商业资本增长，当商业资本投入到土地买卖中时，会导致土地的兼并，进而会对均田制和赋税制度造成负面的影响。因而，唐代初期为了保证税收和农业发展，对商业采取了严厉的管控措施。但是，随着手工业和商业的发展，这种管控措施自然会与日益发展的商业产生矛盾。盛唐时期，长安东、西两市已经十分繁华，坐落于官邸附近的东市"街市内货财二百二十行，四面立邸，四方珍奇，皆所积集"①。西市更加面向平民大众，而且是胡商聚集的地方，比东市更为热闹。东市、西市店铺林立，商品充裕。长安后来又陆续建立了中市、南市和新市这三个市场。唐代长安由此也成为了商贾云集的商贸中心地，汇集了各行各业，有酒肆、食店、肉行、杂货行、金银行、珠宝行、生铁行、席帽行、丝帛行、绢行、幞头行、

---

① （宋）宋敏求：《长安志》卷八，三秦出版社，2013 年版，第 291 页。

药行、马行，等等。这一方面反映出唐代经济的繁荣，另一方面说明社会已经出现了较为细致、明确的行业分工。唐代商业在全国范围内实现了广泛的发展，不但有繁华的长安，还有洛阳、扬州、成都等地都已成为商业中心。王建《夜看扬州市》："夜市千灯照碧云，高楼红袖客纷纷。如今不似时平日，犹自笙歌彻晓闻"，描写了扬州夜市客流如潮的景象。郑渥《洛阳道》描绘了洛阳道路上处处都是繁忙的商旅往来的景象："通宵尘土飞山月，是处经营夹御堤。"

肆与行

莫高窟第 85 窟《肉肆图》

　　莫高窟第 85 窟《肉肆图》反映了唐代集市中肉铺的场景：正中是肉肆的铺面，挂满了分割好的肉，图左方一名屠夫正在案板上切肉。由这幅图可以看出，唐代的肉行生意已经十分普遍，而且肉品供应充足。

　　唐代酒肆也很普遍，有露天的简易酒肆，也有雅致的亭子酒肆（如莫高窟第 108 窟《亭子酒肆》），还有讲究的豪华酒肆。在酒肆遍地的商业环境下，到酒肆里饮酒会友也成为了唐代人

掩藏在唐代历史中的日常与人生

莫高窟第 108 窟《亭子酒肆》

日常生活的一种风尚。正如刘禹锡《百花行》中描写长安城中人人以饮酒为乐的情形："长安百花时，风景宜轻薄。无人不沽酒，何处不闻乐。"而在诗人群体中，更是以饮酒作为一种名士风雅的行为，正所谓"李白一斗诗百篇，长安市上酒家眠"（杜甫《饮中八仙歌》）。这些酒肆不仅为人们提供了宴饮聚会的场所，还是商人在旅途中逗留的栖身居所。《通典》载："自（开元十三年）后天下无贵物，两京米斗不至二十文，面三十二文，绢一疋二百一十二文。东至宋、汴，西至岐州，夹路列店肆待客，酒馔丰溢。每店皆有驴赁客乘，倏忽数十里，谓之驿驴。南诣荆、襄，北至太原、范阳，西至蜀川、凉府，皆有店肆，以供商旅。"①从其记载中可以看出，开元年间唐代货物充足，物价平稳，长安、洛阳的米价低廉。全国范围内商道畅通，以两京为中心，向东到开封、商丘，向西到四川、西凉，向南到江陵，向北到太原、范阳，商道上都有供沿途商旅住宿、饮食的旅店。而且还有专门经营租赁驴子的驿驴。驿驴行业为商旅提

---

① （唐）杜佑：《通典》卷一《食货七》，中华书局，1982年版，第38页。

供了运输服务，大大提高了货物运输的速度。

随着各行各业的商业经营模式逐渐成熟，唐代的"行"也得到了进一步的发展。据《长安志·卷八·次南东市》记载："（东市）内货财二百二十行，四面立邸，四方珍奇，皆所积集。"① 长安东市有二百二十行，经营着各种类型的商品。唐代商业也很繁荣的洛阳，商行规模也很客观，"唐之南市，隋曰丰都市，东西南北，居二坊之地，其内一百二十行，三千余肆，四壁有四百余店，货贿山积。"② "行"的发展说明唐代商业按照货物进行分门别类，各个行的经营模式渐趋成熟。因而，商人的经营范围逐渐专门化，如专营珠宝、金银、粮食、酒肆、牲畜、柴薪、丝帛、鞋靴、药品、杂货等。《太平广记》收录的小说《沽酒王氏》，王氏就是在建康江宁县开酒店的，小说里称赞她"买卖公平"。《李珏》书写了广陵人李珏世代居住在城市里，是一个经营粮店的粮商。唐代的女性消费群体喜欢购买布料、

---

① （宋）宋敏求：《长安志》卷八，三秦出版社，2013年版，第291页。

② （清）徐松：《唐两京城坊考》卷五《东京·外郭城》，中华书局，1985年版，第160页。

服装、化妆品、首饰等，因而城市中的绢行、衣肆、妆粉、珠
宝等行业非常兴盛。除了有店铺经营的商业外，集市上还有很
多贩卖胡饼、糕饼等食物的流动小贩。如《太平广记》里收录
的《邹骆驼》中的主人公就是走街串巷卖蒸饼的小贩。[①]

　　虽然唐代商业的繁荣集中体现在大城市里，但是农村及城
镇中的草市的发展也不应被忽略，而且往往表现出了广泛的潜
力和可能性。如果说大城市中的"市"的产生和发展较多地受
到了政府的影响和管控，因而"市"的所在区域较为集中、规
划井然，那么乡村草市则显得更为自由，往往是由于剩余的农
产品、副产品、手工业产品的交换需要，由附近的乡民自发形
成的。唐代的草市已经出现了按照商品种类区分的专门型市场，
如"鱼市""茶市""药市""花市"等。唐代草市的繁荣景象
在唐诗中也有充分的体现。如王建《汴路即事》所写的开封草
市"草市迎江货，津桥税海商"，虽然是乡村草市，但是津桥渡
口非常繁忙，各式各样的货物十分充裕；再如杜牧《入茶山下

---

① （北宋）李昉等编:《太平广记》卷四〇〇《邹骆驼》,中华书局,1961 年版,第 3216 页。

题水口草市绝句》描写的湖州草市"倚溪侵岭多高树，夸酒书旗有小楼"，水口草市依山傍水景色优美，酒楼门前悬挂的酒旗迎风飘扬，招徕着四方来客；还有白居易《望亭驿酬别周判官》所写的乡村夜市"灯火穿村市，笙歌上驿楼"，可知当时的乡村市场晚上也灯火通明，非常热闹，酒楼上还有人奏乐。草市往往定期开市，遍布全国各地，由于地域差异，各地的草市又有不同的形式，如在两广、福建等地的草市称为"墟"，在四川、贵州称为"场"，在江西称为"纤"，在北方往往称为"集"。其实这种乡村草市至迟在两晋时期就已出现，到了唐代更为普遍，而且形成了一定的规模。尤其在安史之乱以后，唐代推行两税法，农民为了缴纳货币税，必须将农副产品运至草市出售，进一步推进了草市的发展。到了中晚唐时期，很多乡村草市所在地自然成为了城镇中的商贸中心。

商旅

　　唐代商人的贸易活动不再囿于一城一地，他们的足迹遍布大江南北。商人踏上旅途的征发景象也成为了诗人争相吟咏的对象。刘禹锡《荆州歌二首》写道"今日好南风，商旅相催发。沙头墙竿上，始见春江阔"，描绘了商人趁着南风结伴乘船出行的场景。商人出门经商，往往数年才能回家，而留在家里的商人妇则陷入日日思念丈夫的境遇中。因而也出现了许多以商人妇口吻写作的诗歌，如李白《长干行》写道"早晚下三巴，预将书报家。相迎不道远，直至长风沙"，描写了思夫心切的商人妇盼望与丈夫早日团聚的心情。李益《江南曲》"嫁得瞿塘贾，朝朝误妾期。早知潮有信，嫁与弄潮儿"，描写了一位商人妇，由于丈夫常年去往蜀地经商，年年不得见，而埋怨耽误了大好的青春年华。张潮《长干行》"远方三千里，发去悔不已。日暮情更来，空望去时水。孟夏麦始秀，江上多南风。商贾归欲尽，君今尚巴东"，抒发了独自守在家里的商人妇后悔让丈夫外出经商的感情。

在中国传统时代，绝大多数中国家庭进行小农经济生产，以家庭为单位的男耕女织是最为普遍的生产方式，同时也造就了传统时代家庭固着在土地上的特点。但是商人的职业性质决定了他们无法按照传统的方式进行生活。长期离家的商旅生涯给他们的婚姻家庭生活带来了冲击。《潇湘录》中的一篇小说《郑绍》就反映了商人的事业与家庭之间的矛盾。郑绍是一个商贾，他丧妻之后正打算再娶，走到华阴的时候到华山游览。这时自称为南宅皇尚书女儿的女子看中了郑绍，想要和他结合。郑绍被女子的真情所打动，与她完婚。一个月后，郑绍想要起程经商，被女子劝阻说："鸳鸯配对，未闻经月便相离也。"郑绍不忍心又和新婚妻子一起生活了几个月。后来郑绍打定主意要起程，对她说："我本就是一个商人，闯荡江湖，走南闯北是商人应该做的事情。如果长久不经商，也让我不开心。"女子见阻拦不住，就只好送别郑绍。到了第二年的春天，郑绍才回到这里，但是只见红花翠竹，流水青山，全然不见妻子的踪影了。

商贾经常性的旅行积累了很多的旅途经验和地理知识，因而有很多客旅在出行时也会选择跟随商人同行。例如杜荀鹤

《舟行即事》"朝随贾客忧风色，夜逐渔翁宿苇林"。又如戴叔伦《南宾送蔡侍御游蜀》写道"月照高唐峡，人随贾客船"。不过，旅行虽然是商人经常性的活动，但也难免遇到战争、疾病、灾害、盗贼等无法预知的风险。白居易《劝酒十四首》之三写道"莫作商人去，恓惶君未谙。雪霜行塞北，风水宿江南。藏镪百千万，沉舟十二三"，劝说不要做商人，商人难免遇到种种无法想象的艰难险阻，比如困在塞北的冰天雪地里，比如在江南遭遇大风大浪，虽然腰缠万贯，但是沉没的商船十有二三，因而"不如来饮酒，仰面醉酣酣"。如果遇到盗贼，不仅辛苦赚来的钱财被盗，就连性命都难以保全。"贾客灯下起，犹言发已迟。高山有疾路，暗行终不疑。寇盗伏其路，猛兽来相追。金玉四散去，空囊委路岐。扬州有大宅，白骨无地归。"（刘驾《贾客词》）莫高窟第45窟《商人遇盗图》反映了一队胡商遭遇盗贼的场景。图中右侧是一队胡人打扮的商人，带着行李，牵着两匹马。图中左侧是三名身形彪悍、手持长刀的盗贼。为首的一个胡商祈求盗贼放过他们，流露出苦苦哀求的神情。

　　唐代丝绸之路畅通，丝路贸易繁荣发展。来自西域的胡商

莫高窟第 45 窟《商人遇盗图》

频繁地往来于丝绸之路上，为欧亚大陆上的经济文化发展连接
起了重要的纽带作用。唐代的"胡商"是一个统称，泛指一切
除了华夏商人以外的外来商人。严格来说，"胡"原本指的是匈
奴人。《汉书·匈奴传上》载："南有大汉，北有强胡，胡者，天

之骄子也。"① 西汉凿通西域后，西亚、南亚各国也被称为胡。随着时代的发展，胡的范围越来越大。魏晋南北朝以后，来到中国的天竺人也被称为胡人。到了唐代，越来越多的外国人经过丝绸之路来到中国，他们被统称为"胡商"。粗略而言，唐代的胡商有的来自阿拉伯，有的是波斯人，还有来自东南亚的越南和印尼，还有日本人和新罗人。胡商沿着丝绸之路，骑着骆驼或马匹运载货物，穿过沙漠和戈壁，途经河西走廊，来到长安，有些继续去往洛阳、扬州、成都等地。除了陆上丝绸之路以外，广州通海夷道也是一条成熟的国际海上航线，这条道路的起点就是广州，经过越南、马来半岛、苏门答腊，穿过印度洋，可以抵达印度、斯里兰卡以及波斯湾沿岸。随着海上丝绸之路的发展，还有一部分胡商从海路乘船经过印度洋，穿过中国海，在广州、泉州一带登陆，然后再北上扬州、长安。唐代的海上贸易蒸蒸日上，开元年间在广州设立市舶使管理海上对外贸易，是为市舶司的前身。韩愈在其文章《送郑尚书序》中写道："其

_____

① 《汉书》卷九十四上《匈奴传第六十四上》，中华书局，1975 年版，第 3780 页。

海外杂国，若耽浮罗、流求、毛人、夷亶之州，林邑、扶南、真腊、於陀利之属，东南际天地以万数，或时候风潮朝贡，蛮胡贾人舶交海中。若岭南帅得其人，则一边尽治，不相寇盗贼杀，无风鱼之灾，水旱疠毒之患，外国之货日至，珠香象犀玳瑁奇物溢于中国，不可胜用。"叙述了唐代广州胡商纷至沓来、异国货物充盈于市的景象。

胡商来到中原，他们的样貌、穿着、风俗习惯与中原人大不相同，从而引起了时人极大的兴趣，胡商也进入了唐代的文艺世界。胡人的卷发、碧眼、高鼻的外貌形象不断地被书写，如陆岩梦《桂州筵上赠胡予女》描绘胡人女性的长相："眼睛深却湘江水，鼻孔高于华岳山"；又如李端《胡腾儿》写道"胡腾身是凉州儿，肌肤如玉鼻如锥"。胡商频繁地往来于商道上，见多识广，又靠着经商聚敛了大量的财富，因而在唐代文学作品中对于胡商的书写往往会叙述他们的富有，能够鉴别宝物等特征。《太平广记》引述了《广异记》中一个胡商鉴珠的故事：长安至相寺有一位贤者，自从十几岁便在寺里修道。在他修道的佛堂下一直有一条蛇，四十多年后，蛇大如柱。有一天晚上，贤者在佛堂礼拜，没有点灯，却亮如白昼，原来在蛇出没的地方有一个直径约一寸的珠子。贤者便拿着这颗珠子到集市上高价售卖。几天后，一个胡商说他卖贵了。贤者说："这是夜光珠，是无价之宝。"胡商说："若是蚌珠就珍贵了，可惜这颗是蛇珠，最多值千贯。"贤者很是佩服，最后低价卖了珠子。[①]《太平广记》引《大唐新语》，记载武周朝时在定鼎门修造天枢，"并番客胡商聚钱百万亿所成"，向胡商集资修建而成。胡商之富有可见一斑。胡商所贩卖的商品包括名贵的珠宝、人参、药材、香料等供富贵人家享用的奢侈品，还有一些域外特产，如波斯枣、胡椒、菠菜、胡芹等。胡人的饮食如胡饼等也丰富了唐人的饮食结构。胡人的音乐、舞蹈等艺术形式也为唐人广泛接受。岑参《胡笳歌送颜真卿使赴河陇》写道："君不闻胡笳声最悲？紫髯绿眼胡人吹。"王翰《凉州词二首》写道："夜听胡笳折杨柳，教人意气忆长安。"

---

① （北宋）李昉等编：《太平广记》卷四五七《至相寺贤者》，中华书局，1961 年版，第 3739 页。

三彩胡人牵马俑

来大唐做生意的胡人众多，由于语言不通，一些通晓蕃语的人便借机做起了"牙商"，即中间人，也叫作牙子、牙人或者牙郎。牙商至迟在汉代就已出现，主要是在牲畜交易活动中充当中间说客。到了唐代，牙商介入的生意多种多样，包括珠宝买卖、牲畜买卖、奴婢买卖、大宗商品交易、房屋租赁及买卖等。安禄山早年就曾做过牙郎，据《旧唐书·安禄山传》载：
"及长，解六蕃语，为互市牙郎。"[1] 牙商作为中间商人，熟悉市
场行情，对于买卖双方的需求非常熟稔。《太平广记》记录的一
篇小说《陈仲躬》就出现了做租房生意的牙商。[2] 唐代天宝年
间，金陵的一个富人陈仲躬来到洛阳，租住在清化里。他租的
院子里有一口井，淹死了人，又发生了怪事。陈仲躬需要搬家，
恰巧第二天牙商就带着新房东来找他了，而且早已备好了房契。
看来唐代作为中间人的牙商已经非常专业了。

---

① （后晋）刘昫等撰：《旧唐书》卷二〇〇《列传一百五十·安禄山传》，中华书局，1975 年
版，第 5367 页。

② （北宋）李昉等编：《太平广记》卷二三一《陈仲躬》，中华书局，1961 年版，第 1772—
1774 页。

富商

频繁的经商活动促进了南北货物的流通，同时也为商人带来了惊人的财富。随着财富的不断增长，逐渐形成了唐代社会中的富商阶层，进而使得中国上古时期崇尚俭朴节约的生活习惯悄悄发生了改变——及时行乐、享受人生的价值观念逐渐被时人接受并提倡。如白居易《长安道》写道："花枝缺处青楼开，艳歌一曲酒一杯。美人劝我急行乐，自古朱颜不再来，君不见外州客，长安道，一回来，一回老。"有一些商贾富甲一方，日常生活也变得奢侈，并以此为风尚。

《开元天宝遗事》就记录了富家子弟的奢华生活。如《看花马》就叙述了长安的富少们，一到春天百花盛开的时候，相约骑马赏花，他们购置矮马，还给矮马装饰着奢华的马鞍，在花树下往来穿梭，嬉戏遨游，身后还跟着仆从端着美酒器皿。①《结棚避暑》叙述了长安著名的三位富家子弟刘逸、李闲、卫

---

① 《开元天宝遗事》卷上载："长安侠少，每至春时结朋联党，各置矮马，饰以锦鞯金辂，并辔于花树下往来，使仆从执酒皿而随之，遇好囿时驻马而饮。"

旷，广交友人，为人慷慨，许多人慕名结交。在炎热的夏天，
这几位富家子便在亭子间宴客会友，命人用昂贵的锦缎结成凉
棚，还请来长安名妓与友人间隔而坐，美其名曰"避暑之会"，
时人纷纷羡慕不已。① 《油幕》记录了长安富贵人家的子弟春游
的时候在园林中游宴，命令随从携带油纸做的幕布，遇到下雨
的时候，便让随从用油幕搭帐篷防雨。② 富人阶层形成后，其消
费习惯崇尚奢华珍贵，嗜好搜集奇珍异宝，如《龙皮扇》中就
书写了王元宝家收藏的龙皮扇。③ 王元宝是大唐豪富，据称他珍
藏着一把龙皮扇，在炎热的夏天会客的时候，就用水洒在龙皮
扇上，扇出的风都是凉的。玄宗听说此事后曾命人把龙皮扇取
来欣赏。可以看出，唐代商业发达，一批富贵人家的衣食住行
无处不体现出奢华。

---

① 《开元天宝遗事》卷下载："长安富家子刘逸、李闲、卫旷，家世巨豪，而好接待四方之
士，疏财重义，有难必救，真慷慨之士，人皆归仰焉。每至暑伏中，各于林亭内植画柱，以
锦绮结为凉棚，设坐具，召长安名妓间坐，递相延请，为避暑之会。时人无不爱美也。"

② 《开元天宝遗事》卷下载："长安贵家子弟，每至春时，游宴供帐于园圃中，随行载以油
幕，或遇阴雨，以幕覆之，尽欢而归。"

③ 《开元天宝遗事》卷下《龙皮扇》,（唐）王仁裕撰，丁如明辑校：《开元天宝遗事十种》,
上海古籍出版社，1985 年版，第 85 页。

金融

唐代商业的发展促进了金融业的早期萌芽，出现了替代货币的"飞钱"。开元、天宝以后，商业贸易的规模逐渐扩大，货币的需求量极大，这也带来了铸造钱币的压力。据《新唐书·食货志》载："开元中，天下铸钱七十余炉，岁盈百万。"[1] 据统计，从天宝到唐末，共铸"开元通宝"钱四百亿左右。[2] 商业活动需要大量的货币，铜钱供不应求，出现了"钱荒"。铸币携带不便，而且易损坏、易被盗。在这样的背景下，唐宪宗年间出现了飞钱："时商贾至京师，委钱诸道进奏院及诸军、诸使富家，以轻装趋四方，合券乃取之，号'飞钱'。"[3] 飞钱是一种纸质的货币兑换凭证。有了飞钱，商人出门不用携带现钱，到保管钱物的"柜坊"就可以取钱了。飞钱为商品交易提供了极大的便利。

① （宋）欧阳修、宋祁撰：《新唐书》卷五十二《食货二》，中华书局，1975年版，第1360页。

② 林岩：《唐代商业活动中出现的新因素》，《文史杂志》，2006年第3期。

③ （宋）欧阳修、宋祁撰：《新唐书》卷五十四《食货四》，中华书局，1975年版，第1388、1389页。

民间借贷在唐代也是普遍存在的。《太平广记》收录的一篇小说《刘钥匙》就是讲述放贷发家的故事。[①]唐代陇右水门村有个人以放贷为业，据说他能够打开别人家的箱子盗取珍珠等不义之财，就像有钥匙一样，所以被称为"刘钥匙"。刘钥匙的邻居家境富裕，他便设计借给这个邻居钱，并且一连过了几年都没提起还钱的事情。忽然有一天，刘钥匙拿着借据要钱，哪知利滚利已经是当时借的钱数目的很多倍了。负债的邻居无法偿还，最终全部的家产都被刘钥匙占据了。

开元、天宝后，经济的发展使得商业呈现出了空前繁荣的景象。直至中晚唐时期，随着市场管理制度的进一步宽松，商业实现了更大规模的兴盛。因商致富的富商群体产生了不容小觑的示范效应。不仅带动了许多农民百姓致力于经商，而且官僚、皇室参与商业经营的现象也屡见不鲜。安禄山依靠经营牙行起家，积累了大量的资本。太平公主的商业经营扩展到四川，依靠经商获利，购置了大量的田产，修筑豪宅。到了中晚唐时

---

① （北宋）李昉等编：《太平广记》卷一三四，中华书局，1961 年版，第 959、960 页。

期，官吏经商的现象已经非常普遍。一些节度使、观察使甚至公然以军方名义经营商业。[①]再如《估客乐》中所写"迎客兼说客，多财为势倾""先问十常侍，次求百公卿。侯家与主第，点缀无不精"。一个在长安城经营生意的普通商贾，上至十常侍，下至公卿侯家都要一一打点。官员与商人之间的联系越来越密切，商人为了谋求商业机会主动攀缘结交权贵，官员为了自身利益也大多接受商人的馈赠。

在经济飞速发展的背景下，虽然传统的重农抑商思想受到了挑战，经商不再受到压制，甚至受到了有唐一代一些渴望发家致富人群的热烈追捧。但是通观唐人对商人的书写，道德准则仍然是对商人进行价值评判的主要标准。例如唯利是图的刘钥匙之辈只能受到批判，而乐善好施的药商杜鲁宾、舍身救人的盐贾龚播则受到了赞扬。[②]可见，为人慷慨、重义、乐善好施等优良品质仍然是主流的价值观念。

---

① 宋国恺：《唐朝禁官商合流政策之社会学分析》，《河北师范大学学报》，2004 年第 3 期。

② （北宋）李昉等编：《太平广记》卷八十六《杜鲁宾》、卷四〇一《龚播》，中华书局，1961 年版，第 563 页、第 3225 页。

七

乐伎

琵琶行（节选）

白居易

浮阳江头夜送客，枫叶荻花秋瑟瑟。

主人下马客在船，举酒欲饮无管弦。

醉不成欢惨将别，别时茫茫江浸月。

忽闻水上琵琶声，主人忘归客不发。

寻声暗问弹者谁，琵琶声停欲语迟。

移船相近邀相见，添酒回灯重开宴。

千呼万唤始出来，犹抱琵琶半遮面。

元和十一年（816 年）的一个萧瑟的秋夜，在九江湓浦口的一条船上，有一位乐伎在弹琵琶，琵琶声铮铮回荡在江头。那天晚上，白居易恰好来到浔阳（今江西九江境内）江头送友人，琵琶声吸引了他。白居易找到弹琵琶的人，知道了她的身世，原来琵琶女年少时在长安做过乐伎，后来年老色衰，脱离教坊之后嫁给了一个商贾，离开了繁华的长安城，跟随商人丈夫漂泊到浔阳。乐伎的身世令当时遭受贬谪的白居易霎时间有"天涯沦落人"的同感，遂写下了《琵琶行》，流传千古。

教坊

　　开元、天宝年间，乐舞文化氛围浓厚，从事表演艺术的乐伎舞伎众多，正是他们塑造出了歌舞升平的盛唐气象。这是自唐初以来百余年国力持续发展所产生的结果。自从两汉以来，社会从春秋战国时期"礼崩乐坏"的状况下摆脱出来，汉武帝独尊儒术，即开始注重礼乐文化的建设。随着社会文化的发展，至迟在西汉时期已经出现了雅乐与俗乐的分野。在汉代，掌管宫廷祭祀礼仪的机构为太常寺，这一机构设置一直延续至唐代。而俗乐方面，西汉设立的乐府掌管乐舞演唱教习，虽然主要服务于宫廷祭祀或宴会，但其广泛采集民间歌谣或文人诗歌入乐，已具备了搜集整理民间俗乐的功能。唐初武德年间设立内教坊，专门培养乐工乐伎，隶属于太常寺。到了开元年间，玄宗将教坊从太常寺中独立出来，其规模显著扩大，把内教坊设在蓬莱宫侧。蓬莱宫就是大明宫，高宗年间将大明宫改称蓬莱宫，并常驻蓬莱宫。玄宗时期，在兴庆宫听政，但是在蓬莱宫与兴庆宫之间修建道路，方便往来。蓬莱宫侧置翰林院、学士院和教坊，成为了文学、艺术之士的待诏之所。除内教坊外，还分别在西京长安、东京洛阳设立左、右教坊。《教坊记》载："西京：右教坊在光宅坊，左教坊在延政坊。右多善歌，左多工舞，盖相因成习。东京：两教坊俱在明义坊，而右在南，左在北也。坊南四门外，即苑之东也，其间有顷馀水泊，俗谓之月陂，形似偃月，故以名之。"①在西京长安城的光宅坊设右教坊，在延政坊设左教坊，而在东京洛阳，左教坊和右教坊都设在城里的明义坊。玄宗是一个文艺爱好者，他喜欢歌舞，通晓音律。玄宗个人对于音乐的热爱，极大地促进了唐代歌舞艺术的发展。不仅东、西两京设立教坊，在地方上也设立府县教坊，遍寻天下乐舞人才。作为大唐文艺中心的长安教坊，在全国的乐舞行业发挥着引领作用。唐代许多名扬天下的名伶会聚在教坊，他们的故事在坊间广为流传，又被文人书写下来，在诗歌、小说等文章中保留了大量的有关乐工乐伎的记录，保存在《教坊记》《乐府杂录》《明皇杂录》《开元天宝遗事》等文献中。

------

① （唐）崔令钦撰，任半塘笺订：《教坊记笺订》，中华书局，2012 年版，第 14 页。

十部乐

　　唐代在隋九部乐的基础上，创制了十部乐。隋炀帝时期定九部乐：清商乐、西凉乐、龟兹乐、天竺乐、康国乐、疏勒乐、安国乐、高丽乐、礼毕乐。贞观十一年（637年）废礼毕乐，次年增燕乐。太宗征高昌，于贞观十四年（640年）平高昌，设安西都护府将其作为经略西域的中心地，统辖安西四镇。贞观十六年（642年），太宗大宴百官时，加奏高昌乐。可见，唐代十部乐除了清商乐和燕乐以外，其他八部皆以边疆藩属命名，因而十部乐是唐代国力强盛、统御四方的一种政治象征，同时也具有怀柔远人的文化意义。上述十部乐为宫廷燕乐，其使用具有严格的规定。而民间乐舞的内容更加丰富多彩。整体来看，唐代的乐舞艺术形式包括器乐、歌唱和舞蹈三大类。据唐人段安节《乐府杂录》的记载，唐代教坊演奏的丝竹乐器门类齐全，包括琴、瑟、筑、箫、篪、籥、跋膝、笙、竽、笛、琵琶、箜篌、觱篥等。这其中既有中原传统的乐器，又有羌、胡等边疆地区的乐器。各个边疆地区的音乐汇聚在唐代宫廷里，这不失为唐代开放包容的大国气度的明证，正如太宗所言："自古皆贵中华，贱夷、狄，朕独爱之如一。"[①] 正是在这样的开放包容的文化环境下，唐代大量吸收、融合了边疆地区的音乐艺术。

在唐代莫高窟壁画中出现了大量的乐器图像，包括角、埙、贝、笛、箫、笙等吹奏乐器；琵琶、琴、筝、箜篌、葫芦琴等弹拨乐器；还有大鼓、腰鼓、答蜡鼓、羯鼓、拍板、钟、钹、铙、磬等打击乐器，为我们保留了唐代音乐的图像资料。乐伎演奏着各式各样的乐器，这样恰恰是八方来仪的盛世景象的最佳反映。

自初唐时期，便出现了坐部伎、立部伎的表演形式，又被称为二部伎。二部伎反映了唐代乐伎的等级区分，坐部伎贵，立部伎贱，坐部伎表演时坐于堂上，而立部伎则站在堂外。正如白居易《立部伎》所写：

堂上坐部笙歌清，堂下立部鼓笛鸣。

---

① （宋）司马光编著：《资治通鉴》卷一九八，唐太宗贞观二十一年庚辰，中华书局，1956 年版，第 6247 页。

笙歌一声众侧耳，鼓笛万曲无人听。

二部伎的表演形式和十部乐的音乐制度相结合，逐渐形成了唐代燕乐，总体而言，唐代音乐的特色即表现在华夏礼乐的基础上充分融汇胡人乐舞风格。换言之，唐代燕乐通过乐舞艺术形式反映了强盛的国力以及唐代对于边疆地区的强固统治。据《旧唐书》记载，玄宗在位期间经常于勤政务本楼大宴群臣，每次必有乐舞表演，而且往往太常卿、教坊乐伎乃至宫女倾巢出动。[①] 开场时，由太常卿演奏着雅乐，自南向北行至勤政务本楼下，坐部伎、立部伎还有胡伎，相继表演。夜色渐深时，便迁出三十匹身着锦绣的骏马，奏《倾杯乐曲》，观赏舞马表演。骏马在三层高的板床上踏着鼓点飞旋舞蹈，还会衔杯下跪，向皇帝敬酒。舞马将宴会气氛推向高潮，百僚往往赋诗敬酒，祝贺皇帝的丰功伟绩。如张说就曾写下："圣皇至德与天齐，天马来仪自海西。腕足徐行拜两膝，繁骄不进踏千蹄。髦鬃奋鬣时

---

① （后晋）刘昫等撰：《旧唐书》卷二十八《音乐志》，中华书局，1975年版，第1052页。

蹲踏，鼓怒骧身忽上跻。更有衔杯终宴曲，垂头掉尾醉如泥。"接着还要击鼓奏乐，宫女数百人齐上阵，演奏《破阵乐》《太平乐》《上元乐》。《破阵乐》早在高祖武德年间就出现了，贞观七年（633 年）创制《秦王破阵乐》。太宗还是秦王的时候，便征战四方，平定薛仁杲、刘武周、窦建德、王世充、刘黑闼等割据势力，战功赫赫。《秦王破阵乐》以讨伐叛乱为主题，由李百药、虞世南、褚亮、魏征等制歌词，歌颂了太宗的战功。这是一首气势磅礴的乐舞曲目，需要两千人演奏，皆衣甲胄，执旌旗，还有马军参与表演，场面十分壮观。玄宗时又在《秦王破阵乐》的基础上进行改编，做《小破阵乐》，规模减小为舞者 4人。《太平乐》又称为"五方狮子舞"，由两个驯兽师带着五只从天竺、师子国进献的狮子进行表演，另有乐工 140 人奏《太平乐》。《上元乐》由高宗所制，舞者共 80 人，都穿着画有五彩云朵的服装，象征着元气。可见，这场宫廷燕乐将传统汉乐与胡乐熔于一炉，参与乐舞表演的人员众多，其场面之盛大，只有在盛世之时才能实现。

　　保存在陕西历史博物馆中的《李寿墓北壁乐舞图》直观反

李寿墓北壁乐舞图

映了唐代乐伎演奏的场景。可以看出，前排乐伎手持不同的乐器坐于席上演奏乐器，后排乐伎站立表演，这表明初唐时期的乐伎队伍也已成规模，而且其演奏也已形成较为正式的程序。而这仅仅是在官僚家庭中的乐伎表演，而在皇宫中的教坊，其规模形制则更为庞大。

教坊又设宜春院和云韶院，其中宜春院的乐伎舞伎地位较高，常常为皇帝表演，而云韶院的乐伎舞伎则地位较低，遇到大型演出，宜春院人数不够时，则会让云韶院的乐伎舞伎充数。云韶院的乐伎舞伎称为"宫人"，宫人中的出类拔萃者有机会选入宜春院。宜春院的入籍选拔相当严苛，不仅要求姿色容貌极佳，而且还要求身怀绝技，选入宜春院的乐伎舞伎被称为"内人"，她们进入宜春院后还要接受相当长时间的培养，有专业的师父传授相关的乐舞技能。据《新唐书》记载，唐代乐舞发展极盛的时候，从事乐舞工作的乐人、音声人，隶属于太常寺和鼓吹署的人，总数达到了数万人，可见其规模之宏大。①

---

① 《新唐书·礼乐十二》载："唐之盛时，凡乐人、音声人、太常杂户子弟隶太常及鼓吹署，皆番上，总号音声人，至数万人。"

　　唐代的乐舞机构除教坊外，还有梨园。唐代的梨园并非我们现在所指的戏曲梨园。唐代的梨园其实是一个乐曲演奏机构。玄宗精通音律，而且很喜爱创作新的乐曲作品即法曲。开元年间，在玄宗的授意之下，梨园选拔了三百名乐工和几百名宫女，玄宗亲自教授他们法曲，这些人被称为"梨园弟子"。[①] 梨园演奏的曲目众多，包括《秦王破阵乐》《兰陵王》《霓裳羽衣曲》等。总之，梨园的乐曲演奏主要是为皇帝服务的，而且演奏的曲目多为新创制的法曲。

　　① （宋）马端临：《文献通考》卷一四六，中华书局，1986 年版，第 1282 页。

舞蹈

　　《燕妃墓后室东壁北段舞蹈图》中两位宫女盛装打扮，穿着统一的服饰，头戴步摇，翩翩起舞。《敦煌莫高窟第 205 窟盛唐舞蹈复原图》中，两位身姿曼妙的舞伎在地毯上跳着龟兹舞。唐代不仅在音乐上吸收了很多胡人的艺术形式，在舞蹈上也是博采众长。教坊中就有许多藩属国家进献的舞伎。西域是一个统称，在地理位置上指玉门关、阳关以西的地区。狭义上的西域包括葱岭以东、阳关以西的地区，而广义上的西域则包括中亚、西亚、印度半岛、欧洲东部等通过丝绸之路可以抵达的广大地域。汉武帝时期，张骞通西域，汉宣帝时设置西域都护府进行治理。东汉时期国力衰落，逐渐失去了对于西域的统辖。至唐代着力经略西域，贞观十四年（640 年）在西域设置安西都护府和庭州都护府，长安二年（702 年）设置北庭都护府。《胡旋舞》《胡腾舞》《拓枝舞》，这些胡人舞蹈在唐代非常流行。这三种舞蹈都是从西域传播到中原的。早在北周、北齐时期，粟特商人就将胡旋舞传入中原。胡旋舞就是一种源自康国的舞蹈。

所谓康国源于古康居国。古康居国在东汉时期是西域的一个大国。胡旋舞是一种旋转动作较多的舞蹈，据《通典》载，胡旋舞由两位舞者表演，穿着锦袖衣、绿绫裤，脚踩红皮靴，两人"急转如风"。[①]边塞诗人岑参《田使君美人舞如莲花北鋋歌》写道："美人舞如莲花旋，世人有眼应未见。高堂满地红氍毹，试舞一曲天下无。此曲胡人传入汉，诸客见之惊且叹。慢脸娇娥纤复秾，轻罗金缕花葱茏。回裾转袖若飞雪，左鋋右鋋生旋风。"8世纪上半叶，开元、天宝年间，胡旋舞在长安非常流行，这得益于中亚诸邦国向大唐频繁进献胡旋女。敦煌莫高窟第220窟南壁阿弥陀经变中所画的舞伎栩栩如生地展现了胡旋舞，胡旋女在地毯上跳舞，身上的丝绦上下翻飞，展现了快速旋转的舞姿。

---

① （唐）杜佑:《通典》卷一四六《乐六》，中华书局，1982年版，第3724页。

燕妃墓后室东壁北段舞蹈图

名伶

　　唐代所谓名伶，指的是出众的乐伎。要说大唐最著名的乐伎，非许合子莫属。许合子，又名许和子、许永新，出生于吉州永新县的一个音乐世家。开元年间被选入教坊，进入宜春院，成为了"内人"，取艺名为永新。内人是内教坊中处于头部的乐伎，能够入宫为皇帝表演。许合子天赋异禀，她的歌喉宛如天籁，被誉为先秦韩娥、西汉李延年之后的天生歌者，其音乐才能千年不遇。据《乐府杂录》叙述"既美且慧，善歌，能变新声""韩娥、李延年，殁后千余载，旷无其人，至永新始继其能"，许合子既美貌聪慧，又有唱歌的天赋，"喉啭一声，响传九陌"，而且能够研究出新的唱法。[1] 据说玄宗曾经召神笛手李谟与许合子的歌喉相比拼。李谟是梨园曲部乐工，著名的笛技大师。李谟吹笛，追随许合子的音调。没想到许合子的音调极高，一曲终了，李谟的笛管竟然炸裂。有一次，玄宗在勤政务

---

① （唐）段安节撰：《乐府杂录》，"国立"北平图书馆藏抄本，第6—7页。

本楼赐大宴，有数千万众人前来，人群的喧哗声震天响，完全听不到百戏演奏的声音了。玄宗非常恼怒，一气之下想要取消大宴。高力士奏请让许合子登楼唱一曲，必然能够止住人群的喧哗。于是许合子便登台献唱，歌声一出，便直上云霄，广场上的喧闹声戛然而止，霎时间竟然像空无一人一般。

唐代开元年间，如许合子那样出名的乐工还有李龟年、李彭年、李鹤年兄弟三人。这三人就是梨园弟子。他们出身名门，是中宗朝宰相李怀远的后人。这三兄弟各有才学，李彭年擅长舞蹈，李鹤年、李龟年擅长演唱。尤其是李龟年，被誉为唐代乐圣。他们兄弟三人创作的《渭川曲》，受到了玄宗的赏识。据记载，李龟年在东都洛阳通远里建造了豪华的宅院，其奢华程度不亚于公卿侯家。[①] 天宝年间，沉香亭中的牡丹花盛开，玄宗携贵妃赏牡丹，令李龟年等伶人表演助兴。玄宗雅兴，宣李白进宫写新词配乐，于是李白写下《清平调》三首。李龟年当即演唱《清平调》，玄宗亲自吹笛为其伴奏。

---

① （唐）郑处诲:《明皇杂录》卷下,（唐）王仁裕撰,丁如明辑校:《开元天宝遗事十种》,上海古籍出版社, 1985 年版, 第 23 页。

　　以歌唱才能进入教坊的还有一些出身于贫苦人家，其中的
代表人物就是张红红。[1] 代宗大历年间，张红红与父亲在长安街
头卖唱求生。一天，张红红父女在昭国坊南门里卖唱。将军韦
青的宅邸就在这里。韦青听到了张红红嘹亮的歌喉，而且见张
红红颇有美色，便把她纳为家姬，还对她的父亲甚是优待。张
红红悟性极高，在韦青的精心培养之下，练就了过耳不忘的记
曲才能。有一位乐工创作了一首新曲《长命西河女》，在进献
给皇帝之前，想要先请韦青评论。韦青便让张红红在屏风后面
听曲。张红红用小豆记下节拍。乐工唱完后，韦青问张红红记
得如何，她已全部记下。韦青便对乐工说道："我有一个女弟
子，早就唱过这首歌了，这并不是什么新曲目。"说完便让张红
红隔着屏风演唱一遍，竟然一声不差。乐工大为惊异，叹服不
已，请见张红红。后来，代宗知道了这件事情，便召张红红进
入宜春院，对她十分恩宠。张红红由一个街头卖唱女，由于韦
青将军的赏识，以至进入教坊，还得到了代宗的恩宠，被封为

---

　　① 《乐府杂录》，第7页。

才人。张红红凭借歌曲才能改变了自身的命运，宫人们都称她为"记曲娘子"。后来韦青将军去世，代宗把这个消息告诉了张红红。张红红也是有情有义的人，她在代宗面前痛哭着说："我本是一个街头卖唱的乞丐，将军韦青让我的老父亲老有所养，死有所归，我能够进入教坊，都是韦青帮助，我不能忘记他的恩德。"张红红竟然恸哭而亡。代宗感动于她的知恩图报，追封她为昭仪。

许合子、张红红等是唐代有名的乐伎、乐工。能够进入教坊对于唐代的乐工乐伎而言是他们最好的人生归宿。虽然如许合子等人在开元年间具有很大的名气，但是其身份却仍然属于贱民，是唐代的低贱群体。进入教坊的乐工乐伎主要包括两类人，一类是贱民，包括官户、官奴婢、乐户、杂户等，其中官奴婢地位低下，往往是罪人的后代。乐户是世袭的，例如许合子就是出生在一个乐户家庭。乐户在唐代属于贱民群体，即便是进入教坊的乐伎，他们的身份仍然属于贱民，没有独立的户籍，其乐籍附于宫廷名下。

另一类就是民间艺人。朝廷通过张榜遍寻天下出类拔萃的民间艺人充实教坊。皇帝出巡时往往会将当地的优秀艺人选入教坊。此外，一些地方官员也会搜寻艺人向皇帝进献。一旦沦为乐户，贱民的身份就无法改变。《唐律·户婚律》规定，良人不得娶乐伎为妻，若违反则将被处以一年半的徒刑。[①] 因而通常情况下，乐伎只能和同为乐户的人通婚，因而世世代代都是乐户。由于贱民身份，乐伎无法掌握自己的命运，甚至进入教坊的女子也不例外，年老色衰无法再登台表演后，等待她们的将是漫长的宫女生活。也有一部分挂名教坊的民间乐伎，保留了平民的身份，离开教坊之后嫁作他人妻，例如白居易《琵琶行》中的琵琶女就属此类。

---

① （唐）长孙无忌等撰：《唐律疏议》卷十二《户婚》第一六〇条《放部曲为良》，上海古籍出版社，2013年版，第472页。

流落

玄宗时期，教坊乐舞发展至顶峰，随着时间的推移，至中、晚唐时期，官僚文士也受到乐舞艺术的影响，蓄养家伎的行为蔚然成风，甚至不惜花费重金培养家伎的乐舞技能和诗文能力。白居易有诗云：

> 黄金不惜买蛾眉，拣得如花三四枝。
>
> 歌舞教成心力尽，一朝身去不相随。

中、晚唐时期，乐伎在宫廷宴饮场合中表演乐舞助兴的风气广泛传播。官僚士人阶层争相效仿，在举办家宴时辅以乐伎的歌舞艺术，几乎已经成为私人宴会的固定项目。可见，乐舞艺术已经深入到唐代官僚士人的社会生活中，他们让豢养的家伎在宴会上为宾客表演，不仅是一种艺术欣赏活动，同时还是一种社交的手段。官僚士人互赠家伎的情况也很普遍。中唐时期，李司空曾经宴请刘禹锡，让家伎表演助兴。刘禹锡为李司空的这位家伎所打动，赋诗曰："高髻云鬟宫样妆，春风一曲杜韦娘。司空见惯浑闲事，断尽苏州刺史肠。"李司空甚解其意，将家伎送给了刘禹锡。据《太平广记》记录，白居易也蓄养家伎，他最为赞赏的两位家伎名叫樊素、小蛮，樊素擅长唱歌，小蛮擅长跳舞。白居易还写下诗句夸赞二人："樱桃樊素口，杨柳小蛮腰。"①樊素、小蛮陪伴白居易多年，到他年老的时候，小蛮依然风姿绰约，便写下一首杨柳词："一树春风千万枝，嫩于金色软于丝。永丰西角荒园里，尽日无人属阿谁。"宣宗听到了这首唱词，便问侍从这是谁写的词，永丰在何处。后来宣宗命人去洛阳，取来永丰柳，种在宫中花园里。乐舞艺术、诗歌与宴饮互相融合成就了大唐日常生活艺术化的风格，这种生活艺术化的倾向由宫廷逐渐向官僚士人阶层传播。甚至坊巷平民也受到这种文化风习的影响，酒肆中也常有艺人弹奏唱曲卖艺。

虽然教坊乐伎由宫廷供养，但是一旦遭遇变故，乐伎的俸钱往往最先被克扣，一些乐伎为了维持生计也会在民间表演，

① （北宋）李昉等编：《太平广记》卷一九八，中华书局，1961 年版，第 1490 页。

大量的宫廷艺伎流散至官府、军营，成为了官伎、营伎；还有的成为了官僚、士人、商人的家伎；还有一部分流落到坊间成为了市伎。尤其到了中、晚唐时期，这种情况越来越普遍。

唐代长安城安上门外，东市西侧是平康坊，平康坊被称为长安第一坊，这里分布着许多尚书省官僚的宅邸，许多长安名伎也居住在这里。因而平康坊也就成为了京都侠少、新科进士的游宴胜地。《开元天宝遗事》载："长安有平康坊，妓女所居之地，京都侠少萃集于此，兼每年新进士，以红笺名纸游谒其中。"[①] 唐代艺伎普遍多才多艺，既擅长乐舞，又精通诗文，她们以才学与士子、官僚、商人交往，而色相只是处于从属地位。因而唐代留下了许多士人艺伎酬酢的诗歌。例如前文叙述的官伎薛涛，就与许多官员、士人以诗文酬酢交往。官僚、士人每逢宴席聚会请乐伎表演节目陪侍左右，已经成为了当时的惯例。白居易的诗中对此有鲜明的反映，《代诸妓赠送周判官》写道："妓筵今夜别姑苏，客棹明朝向镜湖。莫泛扁舟寻范蠡，且随五

---

① （唐）王仁裕:《开元天宝遗事》卷上，（唐）王仁裕撰，丁如明辑校:《开元天宝遗事十种》，上海古籍出版社，1985 年版，第 79 页。

马觅罗敷。"可以看出，乐伎参与唐代士人宴席已成惯例。乐舞、酒、食物与诗歌杂糅在一起，构成了唐代日常生活艺术化的特征。

李娃

　　宫伎的分流，一方面，促进了唐代民间艺术的发展，使得民间群众也能够欣赏乐伎、舞伎的乐舞艺术，另一方面，乐伎的传奇故事也在坊间广泛流传开来，这些传奇故事受到文人的注意，成为了他们写作的蓝本。白行简所著《李娃传》就是其中的代表。

　　天宝年间，长安平康坊中有一名市伎，名叫李娃，节行瑰奇，她的故事传遍了长安城。天宝年间，有一位昌州刺史荥阳公颇具名望，家境殷实。年近50岁的时候，荥阳公生了一个儿子，可谓老来得子。他对这个儿子寄予厚望。他儿子也生得英俊清秀，而且颇有才学，20岁的时候进京赶考。临行前，荥阳公为他备齐了马车、资财等应用之物，足够他在京城生活两年。一个多月后，这位公子到了京城，在布政里安顿下来。一次，他去东市游玩回来，经过平康坊去访友。路上看见一处宅子，门庭不大，只关着一扇门，另一扇门开着。李娃着一身青衣，站在院中，似是绝代佳人一般。公子竟然站在门口久久驻足，不忍离去。李娃也回眸看他，似是脉脉含情。自那天后，公子怅然若失，向他的朋友打听那宅子里是什么人。朋友说，那是狭邪女李娃住的地方，与她来往的都是贵戚豪族，没有百万金钱是无法打动她的。公子心意已决，只要能得到李娃，百万金钱也不在话下。他盛装打扮，亲自上门寻访。进了院门，他看见一个老婆婆迎来，便是李娃的母亲。公子上前行礼说道："听说这里有个小院子，我能租住吗？"婆婆说："那院子太简陋了，不值得您这样的公子屈尊居住啊。"婆婆将他引到会客厅，对他说"我有个女儿，技艺不精，很高兴见到你这位贵客"，便让李娃出来。李娃袅袅婷婷地走来，公子惊呆了，站起来却不敢看她，互相行礼后，两人一番寒暄，对李娃更是欢喜了。直到天色将晚，婆婆问公子住得远不远，他假意说住在延平门外很远的地方，心里希望能够留宿在这里。没想到婆婆让他赶紧回去，不要触犯了宵禁。倒是李娃说："公子不嫌弃家里简陋，留下住一晚又何妨呢？"婆婆这才答应下来。当晚，公子就向李娃表明心意，说："之前路过你家门口，看到你在屏风后，我就喜欢上了你，回去后茶不思饭不想，就想再和你相见。"李娃说："我也和你一样。"公子说："今天来，并非只想找个居所，而是想要得偿所愿。"

第二天，公子便把行李全都搬来李宅，与亲朋好友断了联系，天天与歌伎狎戏游宴，散尽了私财，后来实在没钱了，就卖了驴子，又把家仆给卖了。因而婆婆对他也冷淡了，但是李娃对他的情谊却越来越深厚了。一天，李娃说："和你相知一年多了，还没有身孕，听说竹林神很灵验，我想要准备点祭品去求他。"公子不知这又是骗钱的计谋，便把自己的衣物当了，准备了祭品，和李娃一起求神。回去的时候，李娃假意说要去姨妈家里看望一下。公子便和李娃去了"姨妈"家里探亲。不多久，一个人骑着快马赶来送信，说李娃的母亲病重。李娃便先和送信人返回家里，留下公子在"姨妈"家里商议办丧事。天色已晚，"姨妈"便差公子回家。不料回到李宅一看，已经人去楼空了，李娃和婆婆已经搬走了，而且房东把房子都收回了。无奈之下，公子只得又当了几件衣服，到客店先住下。第二天一早，他便又到李娃的宅院敲门，开门的仆人说这是崔尚书的宅子，之前租房子的人早已退了房子，不知去向。公子这才发觉上当受骗，又气又恨地回到先前在布政里租的房子，房主看他可怜，便收留了他。公子大病一场，几乎死去。房主怕他去世，就把他抬到殡葬店里。在殡葬店铺店员的照顾之下，他渐渐好转，痊愈后便在店里帮工。后来，他学会了唱哀歌，而且把哀歌唱得催人泪下。有一次，他所在的店铺和另一家殡葬店互相比试，他现场唱了一首《薤露》："薤上露，何易晞。露晞明朝更复落，人死一去何时归。"当即把围观的群众唱得泪水涟涟。观众里面，就有一个人认出了公子，他就是公子家里的仆人。荥阳公也来到了京城。仆人告诉他说："这个唱歌的公子，很像你去世的公子。"荥阳公以为自己的儿子被强盗劫财杀害了。后来，仆人找到机会终于确认他就是公子，便载着他回去与荥阳公相认。

荥阳公见到这个不成器的儿子便破口大骂，说他有辱门风，还要用家法惩罚，拿着马鞭抽打他。公子被打得昏死过去，荥阳公把他扔下便走了。公子的师父请同党用苇席把他埋了。同党发现公子还有一口气，便把他抬回去，照顾了一宿，他终于活了过来。他在床上躺了一个多月，生活无法自理，被打的地方都溃烂了，同党再也无法忍受，便把他扔在路上。路人看他可怜，便施舍给他一些食物。就这样过了一百天，他终于能拄着拐杖站起来了。但他已经彻底变成了乞丐模样，穿着破衣烂衫，手里拿着个破碗，在街上要饭。有一天下了大雪，公子饥肠辘辘，冒着大雪出来讨饭吃。到了安邑东门，终于看到一户人家开着左边一扇门，他还不知道这就是李娃的住处。李娃在屋里听到了公子乞讨的声音，连忙出来，果然看到了落魄的公子。她把公子扶回家，失声痛哭道："害你落到今天这步田地，都是我的罪过呀。"婆婆要把他赶出去，李娃急忙阻拦说："他原本是良家公子，当初宝马华服来找我，不到一年就散尽钱财。你我设计将他舍弃，令人不齿。公子的亲戚都是朝廷大员，一旦当权的人知道了这件事情的原委，我们就将大难临头了。"李娃念公子旧情，竟然想要为自己赎身，对婆婆说："我做你的女儿，如今已经有 20 年了，为你赚的钱怎么也有千两黄金了。我宁愿付给你 20 年的开支，当作我的赎身钱。"婆婆答应了李娃。赎身后，李娃便离开婆婆家，带着公子在里巷租了个小院子，照顾公子起居。一年之后，在李娃的悉心照料下，公子恢复得和以前一样。李娃又为公子的前程做打算，花一百两黄金买了一应书籍，供他备考。此后，李娃陪伴公子专心读书。

就这样过了三年，公子考中直言极谏科，取得了第一名，获得了成都府参军的官职。李娃说："你现在终于回到了原本的人生，我没有负你。我要去给婆婆养老送终，你也要去赴任，过自己的人生了。"公子声泪俱下："你要是离开我，我就刎颈自杀。"李娃叹了口气说："我送你过江，到剑门，就让我回去。"公子答应了。当时，他父亲正巧被封为成都尹兼剑南采访使。公子递上名帖到驿馆去拜见父亲。父子终于相认。公子把这些年与李娃的故事一五一十告诉了父亲。第二天，父亲便备了车马和公子一起到成都，把李娃留在剑门暂住。后来，又差媒人上门提亲，走完了纳采、问名等明媒正娶的所有流程，迎娶李娃。李娃与公子终于结为夫妻。公子青云直上，成为了朝廷重臣。李娃被封为汧国夫人。他们的四个儿子也都做了大官。

这便是李娃的传奇一生，由一个与老鸨合谋骗取钱财的市伎成为了汧国夫人。她的故事充满了戏剧性，前半段展现了为钱财舍弃道德的形象。而在看到公子沦落至乞丐的潦倒模样后，又痛改前非，甚至不惜舍弃钱财为自己赎身，去照顾公子，弥补自己犯下的罪过。这个传奇故事描绘的李娃，不再是非善即恶的单一形象，而是剖析了李娃由恶到善的转变过程和矛盾心理。这也让李娃这个人物形象更加生动真实。通过《李娃传》，我们能够了解进京赶考的读书人寻访市伎，与市伎产生情感联系，在唐代是时有发生的现象。不仅唐代乐伎多才多艺，就连坊巷中的市伎都颇具诗文才华，而读书人对于精通诗文的乐伎自然容易产生爱慕之情。因而书生与市伎的爱情故事也成为了唐代传奇作品津津乐道的主题。

天宝十五年（756 年），安史之乱爆发，长安失陷，对于唐代权力秩序产生了巨大的冲击。玄宗南下避难，很多公侯朝臣受到波及，而作为主要依靠玄宗青睐而存活的教坊乐伎也在这场变故中遭遇了天翻地覆的打击。安禄山进入皇宫后便把矛头指向了宫廷乐工，先命人假意求访，不几天就有几百名梨园弟子归顺于他。这些乐人或是对安禄山曲意逢迎，或是惨遭杀害。据《资治通鉴》记载，安禄山在宫中大宴群臣，命令教坊乐工奏乐助兴，若有梨园弟子唏嘘泪下的，便会遭到卫士拔刀恐吓。有一位乐工叫作雷海青，善弹琵琶，不忍被安禄山所驱使羞辱，一气之下，把琵琶扔在地上，面向玄宗逃往的方向恸哭不止。安禄山大怒，把雷海青绑在试马殿前，将他杀害示众。[①] 王维当时也被乱党拘禁在菩提寺中，听闻此事，赋诗曰："万户伤心生野烟，百僚何日更朝天。秋槐叶落空宫里，凝碧池头奏管弦。"

还有很多乐伎沦落民间，艰难求生。许合子在战乱中没有了教坊的庇护，嫁给了一个普通士人，最后穷困潦倒在码头上卖唱为生，鲜有人知。安史之乱爆发后，一个名叫韦青的将军逃到广陵避难，在河边酒楼上赏月的时候，听到一阵熟悉的歌声，以为必是许合子所唱，便跑到河边小船上寻找，果然见到了许合子。就连名倾一时的许合子都沦落至此，可见安史之乱对于教坊人员的冲击是多么沉重。

安史之乱后，李龟年流落江南（唐代的江南指的是湖

---

① （宋）司马光编著：《资治通鉴》卷二一八，唐肃宗至德元年禄山宴其群臣于凝碧池，中华书局，1956年版，第6994页。

南），每遇良辰美景，便触景生情，为友人演唱几首。后来，李龟年辗转流落到潭州。大历三年（768年），杜甫途经潭州，意外遇到了李龟年，于是写下一首《江南逢李龟年》："岐王宅里寻常见，崔九堂前几度闻。正是江南好风景，落花时节又逢君。"岐王李范是玄宗的弟弟，崔九即殿中监崔涤。从这首诗中可以看出，李龟年作为梨园乐工，不仅受到了皇帝的青睐，还与公卿侯家结交甚厚。据说，在一次湘中采访使举行的宴会上，李龟年唱了王维的《相思》和《伊州歌》。王维《伊州歌》曰："清风明月苦相思，荡子从戎十载余。征人去日殷勤嘱，归雁来时数附书。"一曲终了，座中宾客莫不掩面而泣。

唐代在开元、天宝年间达到极盛，彼时万国来朝，乐舞升平，盛唐文人笔下大多充溢着激昂的盛世情怀。而一场安史之乱，令盛世景观骤然凋落，许多官员士人受到牵连，颠沛流离艰难求生。乐伎的飘零身世自然引起诗人们的同情，因而中唐诗人多借乐伎境遇抒发时过境迁、繁华易逝的沧桑感触。例如白居易《老病幽独偶吟所怀》写道："觞咏罢来宾阁闭，笙歌散后妓房空。"又如韦庄的《忆昔》："昔年曾向五陵游，子夜歌清月满楼。银烛树前长似昼，露桃花里不知秋。西园公子名无忌，南国佳人号莫愁。今日乱离俱是梦，夕阳唯见水东流！"中唐诗歌中的乐伎形象已不再以盛世符号出现，而是作为了诗人咏叹人世无常的对象。

士人

行路难·其三

李白

有耳莫洗颍川水，有口莫食首阳蕨。

含光混世贵无名，何用孤高比云月？

吾观自古贤达人，功成不退皆殒身。

子胥既弃吴江上，屈原终投湘水滨。

陆机雄才岂自保？李斯税驾苦不早。

华亭鹤唳讵可闻？上蔡苍鹰何足道？

君不见吴中张翰称达生，秋风忽忆江东行。

且乐生前一杯酒，何须身后千载名？

别长安

开元十九年（731 年），京城长安刚刚进入夏天，东市的酒肆前酒旗飘扬，路上的行人车马川流不息，依然是一片繁华的景象。这一年，王昌龄仕途刚刚展开，先是进士及第，被授予秘书省校书郎，又以博学宏词登科，被授予河南汜水县尉。而诗人李白却决定离开京城，与自己的前半生作别。李白来到长安，逗留了将近一年的时间，所有能够想到的路径全都尝试了，干谒权贵，想尽办法结识了宰相张说的儿子张垍，奉上名刺、信函、卷轴，甚至奉上礼物，又写诗赞颂玉真公主，全都没有什么实质性的效果。自从 24 岁时出蜀离开家乡，李白踏上远游求举的道路，此去经年，纵然有冠绝天下的诗才，这条道路依然艰辛无比。离开长安后，路过好友元丹丘隐居的嵩山时，李白心中也有了隐居之意。

　　一首《行路难》，写尽李白的失意。而怀有这份失意的却又

何止李白一人呢？

科举

　　科举是唐代读书人进入仕途的主要途径。通过科举考试求取功名，不仅是士人实现政治理想的途径，还是他们获取个人名望的凭借。然而，通过科举考试的概率很小，据《文献通考·科举二》载，有唐一代科举考试自高祖武德五年（622 年）开始，至昭帝天祐四年（907 年）为止，共举行了 273 次科考，共取士 8455 人，其中进士 6692 人，诸科 1569 人，另有秀才 29人，其他 165 人。[①] 在唐代科举两百多年间，平均每年录取的进士不过二十多人。而每年参加科举考试的人多则两千人，少也不低于一千人，能够考中进士的不过百分之一。[②] 唐人将进士及第比喻为"登龙门"，科举的难度可见一斑。对于绝大多数读书人来说，唯有科举这一条路可以实现建功立业的梦想。虽然概率低，考试难，仍然有不计其数的读书人对科举趋之若鹜。一旦通过科举考试，也就意味着终于获得了进入仕途的机会，被

---

　　① 　陈秀宏：《唐宋科举制度研究》，北京师范大学出版社，2012 年版，第 71 页。

　　② 　（宋）马端临：《文献通考》卷二十九《选举考二》，中华书局，1986 年版，第 71 页。

授予官职以后，不光可以实现个人的人生价值，而且还能光耀门楣，令整个家族飞黄腾达，犹如《通典》所载："故太平君子，唯门调户选，征文射策，以取禄位，此行己立身之美者也。父教其子，兄教其弟，无所易业，大者登台阁，小者仕郡县，资身奉家，各得其足，五尺童子，耻不言文墨焉。"[1]

如前文所述，唐代科举通过率极低，屡试不中的现象十分普遍。科考放榜后，士子"几家欢乐几家愁"的悬殊境遇是长安城里最具宿命感的一段时光。一日之间，春风得意的及第者们已经谋划起自己光明的未来——干谒宰相、游曲江、雁塔题名，风光无限。而那些大多数落第士子则不得不接受一次新的挫败，有的收拾行李返回家乡，有的逗留在长安等待下一次考试，有的继续远游行卷，有的则进入幕府。等待他们的人生境况不尽相同，但落第失意、入仕无门的惆怅是相通的。登科后的心情恰如年近五十才进士及第的孟郊所写："春风得意马蹄疾，一日看尽长安花。"而落第士子只能对饮泪沾襟，恰如常建《落

---

① （唐）杜佑：《通典》卷十五，中华书局，1988 年版，第 357—358 页。

第长安》所写："家园好在尚留秦，耻作明时失路人。"即便是登科士子，能够授予官职，并且为官时如鱼得水的人更是少之又少。如性格孤僻狷介的孟郊，及第之后经过吏部铨选，五十一岁时才只得到一个溧阳县尉的差事。

以千古名句"念天地之悠悠，独怆然而涕下"闻名的陈子昂，在科举考试时留下了一段故事。据《新唐书》记载，陈子昂本是一个富家子，十八岁前驰骋乡里，斗鸡打架。[①] 约十八岁后才想建功立业。于是入乡学，三四年间读遍经典。陈子昂来到长安后，苦于籍籍无名，行卷没有着落。一天，长安城里有人卖胡琴，价值千两银，陈子昂斥重金购买了这架胡琴。众人很惊讶，陈子昂说："我会奏胡琴。"有人问他："能弹给我们听吗？"陈子昂说："明天可以到宣阳里来听。"第二天，果然来了很多人，陈子昂说："蜀人陈子昂，有文百轴，不为人知。此贱工之伎，岂宜留心？"[②] 说完便举起胡琴砸在地上。他把自己的

---

① （宋）欧阳修、宋祁撰：《新唐书》卷一〇七载："子昂十八未知书，以富家子，尚气决，弋博自如。它日入乡校，感悔，即痛修饬。文明初，举进士。"中华书局，1975年版，第4067页。

② （清）彭定求等编：《全唐诗》卷八十三，中华书局，1999年版，第887页。

百轴文章送给众人，一天之内，便名扬长安。

《唐语林》记载了刘虚白科考的逸事，刘虚白小时候曾经和裴坦相知，裴坦登科做了大官，而刘虚白仍然是一介书生。有一年，刘虚白参加科举考试，裴坦担任主考官，刘虚白写下一首诗献给裴坦，诗云："三十年前此夜中，一般灯烛一般风。不知人世能多许，犹着麻衣待至公。"[①]命运殊途的沧桑之感跃然纸上。裴坦看后有所触动，便让刘虚白及第。倘若刘虚白这次科考没有遇到裴坦，能否及第还未可知，可见科举本身具有偶然性，而科考的结果则会对士子的人生道路产生极大的影响。

科举揭榜决定士子命运，那些落第的士子往往借酒消愁，在诗歌中书写落第心绪。有的士子在诗歌中抒发绝望难眠的情绪，如顾非熊《下第后晓坐》："远客滞都邑，老惊时节催。海边身梦觉，枕上鼓声来。起见银河没，坐知阊阖开。何为此生内，终夜泣尘埃。"有的士子一到科举考试的时节便愁绪满怀，如钱起《长安落第》："花繁柳暗九门深，对饮悲歌泪满襟。数

---

① （宋）王谠撰，周勋初校证：《唐语林校证》卷六，中华书局，1987年版，第580页。

日莺花皆落羽，一回春至一伤心。"有的落第士子则将落第归结于时运不济，如薛据《早发上东门》："十五能文西入秦，三十无家作路人。时命不将明主合，布衣空惹洛阳尘。"

行卷

　　虽然科举取士在唐代成为士子进入仕途的主要途径，但是由于唐代科举制度依然注重考察考生的家世出身，以及不糊名的考试方法，来自全国各地的应试士子来到长安后向公侯行卷干谒以求推举，便成为士子的普遍行为。诸如王维、李白、杜甫、白居易等以诗才闻名的士子纷纷行卷求举。即便参加科举考试，行卷也是大势所趋。实际上，唐代行卷风气的盛行有其深刻的历史原因。自东汉以来，豪族便掌握了重权，到了魏晋时期，士族大姓势力更加庞大。魏晋时期施行九品中正制，权力更加集中在豪族大姓手中，他们世代为官，所谓"上品无寒门，下品无士族"[①]的门阀制度形成。隋唐时期，废除九品中正制，士族地位受到动摇。即便如此，唐代士族仍然掌握着大量的政治资源，诸如陇西李氏、赵郡李氏、博陵崔氏、清河崔氏、范阳卢氏、荥阳郑氏、太原王氏所谓"五姓七望"仍然具有极

---

　　① （晋）刘毅:《请罢中正除九品疏》,（清）严可均辑:《全晋文》卷三十五,商务印书馆,1999年版,第357页。

高的社会威望。唐代推行科举取士制度，即便是士族出身，科举仍然是入仕的重要途径。虽然唐初时期，士族多以门荫入仕，在朝廷上并未体现出绝对的优势。但是到了中唐以后，士族逐渐适应了科举考试制度，并且进士及第与授官品阶之间存在密切的关系，士族占据了较好的教育资源和社会资源，他们为了维持自己的地位和资源也非常重视科举。据学者统计，唐代士族出身的登科者数量远超寒门士子，"唐代进士科共取士 830人，其中士族占 589 人，比重高达 71%"。① 从结果上看，士族在科举考试中占据着明显优势。以王维的例子来看，除了考生自身的才学能力以外，能否得到公侯的赏识也是决定能否登科的关键。士族出身的士子尚且如此，更遑论寒门士子了。

科举不仅录取率极低，而且耗费时间很长，参与科考多年不中的现象十分普遍，故《明经进士语》云："三十老明经，五十少进士。"岁月穿梭，年华易逝，比起成功率极低的科举考试，很多自负旷世之才的读书人便会钻营其他的捷径，行卷就

---

① 王伟：《进退之际：唐代士族与科举取士制之关系及其影响》，《北方论丛》，2010 年第 5 期。

是科举之外的一条捷径。备好名刺和干谒诗文，送给当朝公卿权贵，希望能够获得他们的举荐，谓之"行卷"。选择这条道路的士人也有很多，李白就是其中的代表。实际上，不光李白这类不参加科举的读书人选择行卷，参加科举考试的人也会进行行卷请托。这种风气和唐代的科举考试形式有关，唐代的科举考试是不糊名的，考生姓名公开，因而世家出身的考生必然占有优势，再有一些考官青睐的考生胜算概率更大一些。即便参加了科举考试，甚至中了进士，也仅仅是获得了一个做官的机会，至于能不能被授予职位，还要经过吏部的官员铨选考察。通过吏部考察以后的士人都要经历一段时间才能有官职，短则数月，多则几年。这个阶段中的唐代士人为了谋求官职，便会多方联络，行卷请托。因而行卷之风蔓延开来。

李白没有参加过科举考试，这是由于他出身自商贾家庭。唐代科举制度规定：吏部、兵部铨选不得有刑家之子、工贾殊类之徒。① 罪犯、手工业者和商人的儿子是不允许参与科举考

---

① （唐）杜佑：《通典》卷十五，中华书局，1988 年版，第 360 页。

试的。李白想要为国家建功立业，只能凭借自己的诗才到处行卷求一个举荐的机会。低贱的出身、旷世的诗才和高远的抱负，这三点奇妙地结合在李白的身上，似乎也注定了他郁郁不得志的一生。为了改变自己商人之后的身份，他甚至不惜入赘，娶了高宗朝宰相许圉师的孙女，这是开元十五年（727 年）的事。李白入赘许家，想要为自己的政治抱负增添些资本，其间所作《代寿山答孟少府移文书》以寿山隐喻自己的入仕理想"申管晏之谈，谋帝王之术。奋其智能，愿为辅弼"，以自己毕生所学辅佐皇帝治理国家，从而"使寰区大定，海县清一"，事成之后，便像汉高祖谋臣张良那样隐居修道。可知，李白以宰相为自己入仕的理想，而他并非世家名门之后，又不能参加科举考试，这个理想对他来说是几乎无法实现的。

开元十九年（731 年），李白离开长安的那一年，玄宗最宠信高力士，宦官在朝中得势，以至于官员奏报的大小国事都要先经过高力士。朝中的这一形势与李白似乎没有产生直接的关系，但是在这种局势之下，李白在长安的行卷之路希望更加渺茫。虽然行卷一无所获，但是李白并没有就此消沉，儒家思想中的入世与道家思想中的出世在李白身上和谐地共存，正如他在《代寿山答孟少府移文书》中所写："达则兼济天下，穷则独善其身。"开元二十年（732 年），离开长安后，李白在洛阳逗留，结识了谯郡参军元演，二人饮酒畅谈论道，度过了几个月的放诞时光，几年后，李白在《忆旧游寄谯郡元参军》充满感慨地回忆起这段时光："忆昔洛阳董糟丘，为余天津桥南造酒楼。黄金白璧买歌笑，一醉累月轻王侯。"虽然在现实中求仕屡屡受挫，但是在诗歌中仍然能够看到李白的旷达精神，这是因为在为官理想以外，李白同样醉心于求仙问道，道家的超然物外的仙道精神是他面对现实人生磨难的一个出口，诗中云"一醉累月轻王侯"，那些令他高攀不上的显贵公侯，在大醉之后全都不值一提，李白总能在现实的困顿中找到一个安放心灵的平衡空间。李白与元演结下了深厚的友谊，几个月后，李白决定回安陆待仕。没过多久，元演就到安陆找李白，两人一起同游随州（今湖北随县）求访紫阳真人，在溪流环绕、景色秀美的仙城山上饮酒吹笙，又度过了一段神仙般的日子。到了年底，李白回到安陆，次年在白兆山桃花岩买下一处石室，过起了种田读书的隐居生活。即便如此,李白并没有彻底放弃求举,他求访荆州长史韩朝宗,求他举荐,奉上了《与韩荆州书》,文中极力奉承"生不用封万户侯,但愿一识韩荆州",依然没有什么结果。实在看不到希望的李白甚至向韩朝宗属下任县尉的李皓求助。

再入长安

　　离开长安后的十年里，李白虽隐居安陆，但时刻等待着求仕的机会，他与元演同游太原，到洛阳与元丹丘相聚，到嵩山结识岑勋，在襄阳会孟浩然……这十年间，唐朝的政局风起云涌，张九龄与李林甫争权夺势，以他们为中心的吏治与文学之争不断升级。开元二十五年（737 年），监察御史周子谅上书弹劾牛仙客没有宰相之才，玄宗大怒，将周子谅流放，张九龄由于曾推举周子谅也受到牵连，此后李林甫把持朝政。到了开元二十九年（741 年），自从许夫人去世后，李白就搬到了东鲁，和韩淮、裴政、孔巢父、张叔明、陶沔等在祖徕山隐居，美其名曰"竹溪六逸"。在这十年间，李白没有得到做官的机会，但是他的诗歌越写越好，名声也越来越大。命运的转折发生在开元二十九年（741 年），李白的好友元丹丘得到了玉真公主的举荐进京，被封为道门威仪。元丹丘将李白推荐给玉真公主，这一次李白终于获得了玉真公主的赏识，玉真公主向玄宗举荐李白。第二年，天宝元年（742 年），李白应诏来到长安，被封为翰林待招。李白多年行卷终于得到了一些回报，但是并没有实现他辅佐帝王治理国家的宏愿。很快，李白就明白了自己作为一个御用文人，也只能为玄宗写一些锦绣诗文，不可能为朝廷重用，便奏请放还归隐了。这一次离开长安后，李白在洛阳认识了同样在行卷之路上浮浮沉沉的诗人杜甫，后来与高适、杜甫同游河南求仙访道。李白一生都在远游行卷与求仙隐居这两种人生状态中上下求索。

　　这一时期，同样以诗才成名的王维，也踏上了行卷求举之路，但是他的求仕之路比李白平顺多了。王维出身于河东王氏，虽然不是豪族，但也是书香门第。王维诗画俱佳，又精通音律，年少时即以诗才闻名。他为了入仕，开元五年（717 年）的时候就来到长安，向京城的王公行卷求举。开元八年（720 年），玄宗的弟弟岐王李范赏识王维，把他推荐给玉真公主。据《太平广记》记述，"性闲音律，妙能琵琶。游历诸贵之间，尤为岐王之所眷重。"[①] 王维善弹琵琶，游历于许多公侯之间，尤其受到岐

---

① （北宋）李昉等编：《太平广记》卷一七九《贡举二》，中华书局，1961 年版，第 1331 页。

王的眷顾。王维在科举考试前，求岐王推荐，岐王便在玉真公主的宴会上，安排王维在乐队里演奏琵琶。"维妙年洁白，风姿都美，立于前行"，王维风姿优美，引起了公主的注意，她问岐王"斯何人哉？"岐王回答"知音者也"，随即让王维演奏一曲《郁轮袍》。公主听了大为惊异。岐王说王维不仅精通音律，他的诗文更好。王维便把怀中的诗卷呈给公主，没想到公主早就读过这些诗句，还以为是古人佳作，没想到竟然出自这么年轻的士子之手。如此，在岐王精心策划的一场宴席中，顺其自然地将王维推荐给玉真公主。第二年，王维进士及第，任太乐丞。但是不久之后他就因为伶人私自作舞受到连累被贬出长安。后来王维受到宰相张九龄的推荐，重新回到长安，官至吏部郎中。在张九龄被罢相后，王维作《寄荆州张丞相》："所思竟何在，怅望深荆门。举世无相识，终身思旧恩。方将与农圃，艺植老丘园。目尽南飞雁，何由寄一言。"王维的仕途总体而言是比较平顺的，这与玉真公主的赏识、张九龄的推荐有着莫大的关系。

诗史

　　杜甫，以其诗才与李白并称"李杜"，求仕之路一样坎坷。杜甫的祖父杜审言，曾经在武周朝时期授著作佐郎，迁膳部员外郎。开元十三年（725 年），杜甫 14 岁便离开家乡河南巩县远游。少年杜甫便以诗文扬名，他曾拜谒过岐王李范和秘书监崔涤，还在他们的家宴中认识了李龟年。安史之乱后，杜甫漂泊江南，见到了同样颠沛流离的李龟年，写下《江南逢李龟年》，诗云："岐王宅里寻常见，崔九堂前几度闻。正是江南好风景，落花时节又逢君。"青年时期，杜甫漫游吴越，科举落第。天宝年间，杜甫结交李白，并和李白同游梁、宋。天宝六年（747 年），玄宗"广求天下之士，命通一艺以上皆诣京师"。①杜甫也应诏到长安应试，但是李林甫专权，害怕草野士人会做出对他不利的谏言，以至参与这次考试的士人竟然没有一人及第，李林甫随即上表"野无遗贤"。杜甫又一次落第了。这次落第后，

---

① （宋）司马光编著:《资治通鉴》卷二一五,唐玄宗天宝六年丁亥,中华书局,1956 年版,第 6876 页。

杜甫滞留长安十年，努力寻找求仕的机会，不断地向权贵求举，干谒左丞韦济、张说之子张洎、哥舒翰等人，留下了大量的干谒诗。直到天宝十三年（754年），韦见素任相后，杜甫终于迎来了机会。杜甫多次干谒韦见素，奉上干谒诗《上韦左相二十韵》，写道："韦贤初相汉，范叔已归秦。盛世今如此，传经固绝伦"，奉承韦见素就像汉代贤臣韦贤、秦相范雎一样，辅佐朝政，传播儒学。

天宝十四年（755年），时年44岁的杜甫被授予河西尉，改右卫率府胄曹参军。就在杜甫个人的仕途刚刚看到曙光的时候，却遭遇了时代的转折。就在当年，安史之乱爆发，杜甫在战乱中被叛军俘虏。至德二年（757年），逃到凤翔，谒肃宗，拜右拾遗。[①] 当年，房琯被罢相，杜甫为他说情，触怒了肃宗，被贬为华州司功参军。在华州，杜甫看到了因战乱流离失所，深受饥馑灾荒之苦的百姓，深受触动。在这期间，他写下著名的"三吏三别"（《新安吏》《石壕吏》《潼关吏》《新婚别》《垂

---

① （宋）欧阳修、宋祁撰：《新唐书》卷二〇一《文艺上·杜甫传》，中华书局，1975年版，第5737页。

老别》《无家别》），《新唐书》载杜甫"旷放不自检，好论天下大事"。

在这些诗歌里，杜甫把写作的对象下沉到战乱之下的底层老百姓的生活，他关注石壕村里的老翁和农妇、被抓走充军的壮丁、上前线的士卒、嫁给征夫的少妇……他们代表着安史之乱中饱受苦难的千千万万的老百姓，但是以他们为对象的唐诗却实属少见。杜甫用诗人的悲悯将他们书写在诗歌里，对于他们的人生遭遇感同身受，用诗歌语言为他们留下了存在于历史的痕迹。正因如此，杜甫的诗被称为"诗史"。

或许杜甫对仕途与时局失去了希望，他弃官远游秦州，后来又辗转到了成都，在老友严武的帮助下建了一座草堂，被称为"杜甫草堂"，全家居住在草堂中。这几年，失去了经济来源，杜甫的生活异常困顿，甚至不能果腹。他的诗歌中多次描绘年老体衰、幼儿饥馑的穷困，如"痴儿未知父子礼，叫怒索饭啼门东"（《百忧集行》），"厚禄故人书断绝，恒饥稚子色凄凉"（《狂夫》）。广德二年（764 年），严武镇蜀，几次邀请杜甫入幕，杜甫便从阆州返回草堂，做了严武的幕僚。当时，杜甫已逾天命之年，自从弃官以后，已经携妻儿漂泊多年，起初对入幕有着一些重获安定的慰藉，如同他在《自阆州领妻子却赴蜀山行三首》所写"我生无倚著，尽室畏途边""何日干戈尽，飘飘愧老妻""真供一笑乐，似欲慰穷途"。然而，这段入幕经历仅维持了半年。据两《唐书》记载，杜甫性格倨傲，对严武不甚尊重，甚至酒后辱骂他。严武虽然表面上不在意，但是和杜甫的关系出现了质变，甚至后来"欲杀杜甫"。严武欲杀杜甫是否属实也引起了学者们的探讨，有学者认为"严武欲杀杜甫"的历史记录源于晚唐五代笔记小说中杜撰的故事。[①]

---

① 张其秀：《杜甫、严武"睚眦"问题覆议》，《唐都学刊》，2022 年第 5 期。

落第

科举入仕之难，难于上青天，一些落第士子在诗歌中倾吐胸中块垒，还有一些文人把目光投向传奇叙事，在故事中寄托着自己的人生感慨。从这个角度看，唐代文学作品的繁荣一定程度上也得益于这些落第士子的贡献。

沈既济的著作《枕中记》，叙述了一个落第士子的黄粱一梦。这个故事发生在开元七年的邯郸旅舍，正准备去耕田的卢生在旅舍中遇到了一个道士吕翁。卢生与吕翁攀谈起来，袒露了自己的志向。卢生虽然是一介农夫，但也有鸿鹄之志，他认为自己眼下不过是困窘偷生而已，然而大丈夫应当建功立业，出将入相，列鼎而食，光耀门楣，那才算是值得一过的人生。

卢生也曾为这个理想奋斗过，他曾经苦读诗书，以为自己也能成就一番功业，可是现在已经壮年了，依旧是个农夫。说完，他昏昏欲睡。吕翁拿出自己的一个青瓷枕头给他，卢生枕着这个枕头便进入了梦境。梦里，卢生回到了家，几个月后，娶了士族清河崔氏的女儿，做了乘龙快婿。第二年，卢生进士及第，被授予渭南尉，不久后升监察御史，三年后任同州地方官，在任上疏通河道，为当地生民谋利，受到拥戴。卢生一路青云直上，到长安任京兆尹。当年，玄宗开疆拓土，授予卢生御史中丞、河西节度使，卢生大破吐蕃，开地九百里，建了三座大城镇守边疆，边人在居延立碑歌颂卢生。凯旋后，卢生被封为吏部侍郎，后来又升为户部尚书兼御史大夫。

一时间，卢生在朝野间德高望重，但却引来了宰相的妒忌。卢生被奸佞流言中伤，被贬为端州刺史。又过了三年，玄宗召卢生进京做了宰相，与萧嵩、裴光庭同朝执政。卢生被誉为"贤相"。可是，卢生再次受到同僚诬陷，说他与边将勾结谋反。皇帝下诏严惩。府吏来抓捕他时，卢生对妻子说："我老家还有良田五顷，足以温饱，何苦要求这高官厚禄呢？如今落到这步田地，想想以前穿布衣，骑驴行走在邯郸路上的生活，再也不能复返了。"于是卢生拿起刀自刎，被妻子救下。后来宦官替他求情，皇帝免了他死罪，流放到驩州（今越南境内）。

几年后，皇帝重新起用卢生，授予中书令，加封燕国公。卢生的几个儿子也个个有才能，都做了官，卢家终于成了"望族"。卢生实现了他的人生理想"建功树名，出将入相，列鼎而食，选声而听，使族益昌而家益肥"。卢生位高权重，到了晚年放浪形骸，生活奢靡，沉溺于声色犬马。后来，年老的卢生得了重病，上书陈谢，当晚就去世了。

卢生醒来发现自己还在邯郸旅舍，吕翁就坐在他身边。卢生大惊："难道这都是一场梦吗？"吕翁说："所谓建功立业的人生，也不过如此吧。"高官显达的梦境人生与穷酸窘迫的现实人生形成了映照，卢生顿时大彻大悟，人生的"宠辱之道，穷达之运，得丧之理，死生之情"全都蕴含在这场梦境里。

沈既济对人世如幻梦之感，与他本人的人生经历密切相关。德宗朝时期，宰相杨炎举荐沈既济有治史之才，沈既济被授予左拾遗、史馆修撰。没过多久，杨炎被贬逐，沈既济也受到牵连，被贬为处州司户参军。沈既济在这部传奇作品中表达了对于科举入仕与为官之道的深刻反思，如卢生这等乡野穷苦书生，想要通过科举入仕无异于白日做梦，所以在梦境中卢生做官也只能通过娶了士族女儿，改变自己寒门的身份。纵使他官至宰相，也会面临同僚嫉妒、贬谪甚至抄家入狱的风险。因而，沈既济借道士口吻表达了自己对于入世与出世之辨的见解——"人生之适，亦如是矣"，对于士子入世能够达到的最辉煌的人生，也不过如此而已。

南柯一梦

　　李公佐的《南柯太守传》同样以士人求仕为主题创作了一个传奇故事。

　　德宗朝贞元年间，东平郡有一位豪侠名叫淳于棼，精通武艺，在淮南节度使麾下做副将。由于酒后忤逆了将帅，被逐出军营。他家住在广陵郡，宅院南有一棵茂密的大槐树，枝叶遮天蔽日。落魄的淳于棼天天与朋友在大槐树下喝酒度日。一天，淳于棼酒后进入梦境。梦里，他娶了槐安国的金枝公主，做了二十年的南柯太守，荣华富贵仅次于国王。淳于棼治理有方，南柯郡安定富足，百姓都拥戴他，为他建造功德碑。但是淳于棼抵抗檀萝国失败，接着公主去世，他被罢了官，二十年的功绩化为乌有。淳于棼被遣返回乡，他从大槐树下的一个洞穴中走出来，一看果然就是自己在广陵郡的家乡。家乡的一切还和以前一样。醒来后，恍如隔世，淳于棼把梦中的情形告诉了朋友。他们一起到大槐树下查看，原来淳于棼在梦里进入的洞穴就是一个蚁穴。把蚁穴挖开后，里面有城郭楼台的样子，有蚁王、蚂蚁侍卫等。李公佐用蚁穴比附人间，用淳于棼的梦境构建了一个似真似幻的仕途人生。

《枕中记》与《南柯太守传》都把唐代入仕追求投影在梦境中，使主人公在梦幻中体验现实中难以实现的入仕理想。但即便成功做了大官，拥有了权力和荣耀，最后的结局都会经历贬谪、罢官等人生变故，在形塑人生无常的同时，隐含了想要揭示的终极问题——在入仕理想幻灭之后，应该如何继续生活？这个问题是唐代每一位求仕者都无法回避的。文人求仕的道路遭遇挫折似乎是无法避免的。文人在求仕屡遭挫败后，主动地回归自然中似乎是一致的选择。因而文人隐逸之风在唐代盛行，他们或是隐于市井，或是回归田园，实现了自我性情的救赎。两唐书辟《隐逸传》记载隐逸之士。《新唐书·隐逸传》把隐逸之士分为三类人：第一类隐士，上等的隐士，虽然隐居山林，但是扬名于外，有识君主自会去寻找他；第二类隐士，虽有一定的才能，但不被重用，或是不肯流俗，淡泊名利，选择隐居；第三类隐士，自认为怀才不遇，实则资质平平，所以避世隐居。① 概而观之，唐代隐士大部分都属于后两种，他们在仕途上遇到挫折，隐居实为无奈之举。

---

① （宋）欧阳修、宋祁撰:《新唐书》卷一九六《隐逸传》，中华书局，1975 年版，第 5594 页。

达与穷

唐代是一个开放包容的时代，因而创造出了中国古代历史上十分罕见的儒、道、释融合的现象。这一现象突出表现在士子的人生诉求中。如李白之于道，王维之于佛，道家的出世思想、佛教的通达与儒家的入世思想在士子个人的求仕人生中形成了微妙的平衡。李白既有很强烈的入世精神，怀有建功立业的宰相之志，所以在得到玄宗征召时"仰天大笑出门去，我辈岂是蓬蒿人"；而在仕途失意后又呈现出隐居求仙的豁达，如《庐山谣寄卢侍御虚舟》所写"我本楚狂人，凤歌笑孔丘。手持绿玉杖，朝别黄鹤楼。五岳寻仙不辞远，一生好入名山游"。实际上，在李白的一生中，游历名山大川，求仙问道占据了大部分的时间。即便是比李白仕途顺利许多的王维，也在儒家的入世与佛教的心性之间找到了平衡。王维信奉佛教，被后人称为"诗佛"，他在诗歌中融入禅意，如著名的《鹿柴》：

空山不见人，但闻人语响。

返景入深林，复照青苔上。

　　王维晚年在辋川隐居，回归田园，与友人裴迪酬酢，留下《辋川集》，《鹿柴》就出自这部诗集。

　　李白和王维代表了唐代士人面临"穷"或"达"的人生际遇时的精神选择，无论通过悟道或是参禅，他们都不约而同地在山水田园的自然中获得了心灵慰藉。隐逸之风在唐代盛行，士人创作了大量的隐逸诗文，还有大量的士人如李白、王维一样践行隐逸生活。如此，在万物生机勃勃的盛唐时期，隐逸既是落魄士人的心灵归宿，同时也是勘破命运的为官者的精神家园。

九

兵将

西域

在汉代之后，唐代再次建立了一个疆域辽阔的大一统王朝，将西域纳入王朝版图。安史之乱以前，唐代在西域的经略成效卓著，安西四镇的兵将戍卫着边疆，丝绸之路西段的管辖权掌握在唐王朝手中。我们熟知"万国来朝""物华天宝"等所谓的盛唐气象，而在遥远的边疆保卫国家的将士似乎与这种大唐盛世的景象距离十分遥远，但恰恰是边疆的安定与丝路贸易的昌盛成就了盛唐气象。可以说，远在边疆的将军和无名的士卒为大唐构筑了盛世的基底。因而，初唐至盛唐时期描写边疆的诗歌呈现出了勇往直前的开拓精神。

长乐公主墓壁画《甲胄仪仗图》为我们呈现了唐朝士兵的形象，士兵从头到脚全副武装，头戴兜鍪，身披铠甲，手握剑柄，器宇轩昂。唐代上战场的士兵一般用的是铁甲和皮甲，据

长乐公主墓壁画《甲胄仪仗图》

《唐六典》记载，当时的甲胄制式很多，最著名的就是明光甲，"甲之制十有三，一曰明光甲、二曰光要甲、三曰细鳞甲、四曰山文甲、五曰乌锤甲、六曰白布甲、七曰皂绢甲、八曰布背甲、九曰步兵甲、十曰皮甲、十有一曰木甲、十有二曰锁子甲、十有三曰马甲"。[①] 可见唐朝士兵装备精良。

---

① （唐）张九龄等撰：《唐六典》卷十六《卫尉宗正寺》，中华书局，2014年版，第459页。

塞下曲之五

李白

塞虏乘秋下，天兵出汉家。

将军分虎竹，战士卧龙沙。

边月随弓影，胡霜拂剑花。

玉关殊未入，少妇莫长嗟。

李白的这首诗是其组诗《塞下曲》六首之一，当时李白正在长安做翰林供奉，正是意气风发的时候，在这首组诗中描写了从将军到战士齐心协力保卫国家的英雄气概，通过边疆抒发了自己渴望建功立业的情怀。唐代是一个具有尚武精神的时代，不仅将士自身具有强烈的家国情怀，就连士人也以从军戍边的经历为傲，如李白、岑参、高适、王维等诗人都留下了著名的边塞诗。经过初唐以来的开疆拓土，唐代疆域十分辽阔，创建了"华夷"一家的和谐局面，因而唐代士人具有强烈的家国情怀，投笔从戎、保卫边疆成为他们的人生理想。有学者统计，

"唐代边塞诗人有出塞经历又有边塞诗的共有 172 人"。[①] 可见，唐代士人没有将保家卫国仅仅作为诗赋歌颂的符号，而是身体力行地将其付诸实践。士人奔赴边疆，塞外风光、异域风情给他们留下了深刻的印象，同时军营生活与战争场面也令士人深刻感受到了开拓疆域的勇武精神。因此，大量描写西域景象、塞外风光和战争场景的诗歌涌现，并且形成了唐代引人瞩目的"边塞诗"。边塞诗的兴起，不仅与唐代国力的强盛有关，更与士人入幕风气的盛行有关。

① 任文京：《唐代边塞诗的文化阐释》，人民出版社，2005 年版，第 119 页。

诗人的边塞

　　岑参就是一位士人入幕、远走边塞并且创作了大量边塞诗的典型代表。岑参成长于盛唐时期，青年时期曾从老家河南到西安远游求仕，天宝三年（744年），30岁时进士擢第，被授予右内率府兵曹参军。岑参不甘心于一个微不足道的参军职位，正如他在《银山碛西馆》中所写："丈夫三十未富贵，安能终日守笔砚！"为了实现自己的抱负，他曾两度赴西域入幕，有多年的边塞经历。岑参第一次去西域，是在天宝八年（749年），做安西节度使高仙芝的幕僚，天宝十年（751年）回到长安。三年后，岑参再次入幕，做安西节度使封常清的幕僚。岑参所写的诗歌中大多反映出塞路程中的心境，描写异域风光和边疆族群的生活风俗，一方面惟妙惟肖地刻画了旷远的边塞风光，另一方面也透露出长路漫漫、远离故乡的愁苦之情。岑参擅长通过白雪、旷野等景象描写西域的苦寒，通过胡笳、鼓角、战马等意象突出戍边将士的艰苦，例如《白雪歌送武判官归京》所写："北风卷地白草折，胡天八月即飞雪。忽如一夜春风来，千树万树梨花开"，又如《天山雪歌送萧治归京》所写："天山雪云常不开，千峰万岭雪崔嵬。北风夜卷赤亭口，一夜天山雪更厚。能兼汉月照银山，复逐胡风过铁关。交河城边鸟飞绝，轮台路上马蹄滑。"第二次出塞，岑参受到封常清的赏识，建功立业的个人志向与报效国家的家国情怀融为一体，使得其边塞诗的创作意境更加的宏阔高远，如《走马川行奉送封大夫出师西征》写道："君不见走马川行雪海边，平沙莽莽黄入天。轮台九月风夜吼，一川碎石大如斗，随风满地石乱走。匈奴草黄马正肥，金山西见烟尘飞，汉家大将西出师。将军金甲夜不脱，半夜军行戈相拨，风头如刀面如割。马毛带雪汗气蒸，五花连钱旋作冰，幕中草檄砚水凝。虏骑闻之应胆慑，料知短兵不敢接，车师西门伫献捷。"岑参生活在大唐盛世，正是唐王朝在亚欧大陆的世界历史上声名远播的时期。唐王朝初期极富开拓精神，将西域纳入版图。在这样的时代精神之下，孕育出了大量的边塞诗歌。岑参的边塞诗就是这种时代精神的体现，他所创作的诗歌将军旅守卫边疆的豪迈气概和塞外的辽阔粗犷结合在一起，展现了边军将士们普遍的家国情怀。

　　唐代以边塞诗著称的诗人还有高适。高适曾经三次出塞，写下了大量的边塞诗。作为一个诗人，高适可谓是大器晚成，年近 50 岁才以诗才闻名。然而要论诗人中显达于仕途的，高适是成就最高的。《旧唐书·高适传》评价他说："有唐已来，诗人之达者，唯适而已。"①高适的祖父高侃是唐代名将，官至安东都护。他的父亲也曾做过韶州长史。然而，高适少年时期家境已经贫困不堪，过着穷困潦倒、居无定所的生活，《旧唐书·高适传》载："适少濩落，不事生业，家贫，客于梁、宋，以求丐取给。"②高适少年时代的生活充满了窘困和漂泊，但以他的出身，对闻名显达的个人成就很可能具有更加热切的追求。怀揣着理想的高适在开元七年（719 年）来到长安求仕，然而滞留长安三年都没有任何的成效。高适只得离开长安回到宋州（今河南商丘）以农耕为生。后来，经历了科考失败后，高适想要进入信安王李祎的幕府，写下《信安王幕府诗》，可惜又没成功。直到天宝八年（749 年），年近 50 岁的高适得到张九皋的举荐，到长

　　① （后晋）刘昫等撰：《旧唐书》卷一一一《高适传》，中华书局，1975 年版，第 3331 页。
　　② （后晋）刘昫等撰：《旧唐书》卷一一一《高适传》，中华书局，1975 年版，第 3328 页。

安参加制举，守封丘尉。当时李林甫专权，高适自觉前途无望，但他不甘久居下职，三年后弃官出塞，想要通过入幕实现其人生抱负。

年过半百之后，高适终于迎来命运的契机。哥舒翰赏识他，上表奏请高适为左骁卫兵曹，他顺利进入了河西幕府。作为边塞诗人，高适是少有的在诗才之外兼具战争才能的人，他曾跟随哥舒翰攻吐蕃。因而高适的边塞诗中尤重对战争场面的描写，如《塞下曲》所写"万鼓雷殷地，千旗火生风。日轮驻霜戈，月魄悬雕弓"；又如《同李员外贺哥舒大夫破九曲之作》所写"奇兵邀转战，连孥绝归奔"。后来遭逢安史之乱，哥舒翰守潼关失利。潼关失守后，高适奔赴长安向玄宗献策。当时，玄宗离开长安西去，高适追到河池郡，谒见玄宗，上《陈潼关败亡形势疏》，痛陈军政腐败："监军李大宜与将士约为香火，使倡妇弹箜篌琵琶以相娱乐，樗蒲饮酒，不恤军务。蕃浑及秦、陇武士，盛夏五六月于赤日之中，食仓米饭且犹不足，欲其勇战，安可得乎？"① 至德元年（756 年），永王叛乱，肃宗召高适商议对策，任他为御史大夫、扬州大都督府长史、淮南节度使，征讨永王。广德元年（763 年），高适任剑南西川节度使，成就了唐代诗人入仕官职最高的纪录。

西域成为了许许多多边塞诗书写的地理意象，这一方面是由于对于习惯了中原生活的人而言，西域的异域风光在诗歌写作中更容易凸显英雄精神；另一方面则是基于唐王朝对于西域的经略取得了划时代的进展，成功地将西域纳入到中原王朝的疆域范围，并且建立了较为牢固的统治。西域不仅使得唐代疆域大幅拓展，同时还成为唐代经略边疆的典范以及"盛世"叙事的有力证据。

---

① （后晋）刘昫等撰：《旧唐书》卷一十一《高适传》，中华书局，1975 年版，第 3328、3329 页。

兵制

　　初唐施行府兵制，这是一种兵农结合的制度，成年男子都需要服兵役，每年轮番宿卫，平日里在家乡种田，有战事的时候随军出征。这种制度并不是唐代初创，从西魏时期就开始出现了。府兵制度最大的优势就是最大限度地节省军费，而且可以避免将军拥兵自重，府兵随军装备需自理，在战争结束后各自归府，继续进行农业生产。府兵制度对于刚刚建立的唐朝来说是最为适宜的。贞观年间，唐朝在全国设置六百三十多个军府，从白丁当中选府兵。《唐六典》载："成丁而入，六十而免。"[①] 也就是说年满二十的成年男子都在府兵的选择范围内，一旦从军，年满六十方可免除军役。随着唐朝疆域的发展，需要军事驻防的地点越来越多，士兵长期在外，与土地分离，府兵制难以为继。唐代频繁地开疆拓土，战争不断，到农村里抓壮丁是家常便饭。征兵给无数农民家庭带来了沉重的负担，这种

---

　　① 　张九龄等撰：《唐六典》卷五《尚书兵部·兵部郎中员外郎》，中华书局，2014 年版，第 166 页。

情形在杜甫《石壕吏》中得到了形象的反映：

> 暮投石壕村，有吏夜捉人。
>
> 老翁逾墙走，老妇出门看。
>
> 吏呼一何怒！妇啼一何苦！
>
> 听妇前致词，三男邺城戍。
>
> 一男附书至，二男新战死。

唐代广阔的疆域和国力的强盛，在国家的主流意识中呈现出了强盛的大国风范，但是我们不能忽略为这一盛世景象提供保障基础的正是成千上万的士兵。由于关注点的不同，唐代边塞诗呈现出了两种视角，既有"黄沙百战穿金甲，不破楼兰终不还"（王昌龄《从军行七首·其四》）式的报国精神，也有"或从十五北防河，便至四十西营田。去时里正与裹头，归来头白还戍边""生女犹得嫁比邻，生男埋没随百草"（杜甫《兵车行》）式的民间疾苦。

安西

　　安西都护府最初设立的时候，向西域派遣的驻兵不多，据
《新唐书·西域传》记载，"岁调千兵，谪罪人以戍"，每年从
陇右调取约一千士兵及罪犯，换班屯戍，戍兵主要戍守伊州、
西州、庭州。[①] 随着西域经略的进展，开拓的范围越来越大，
唐代向西域派遣的戍兵越来越多，每年从山东（太行山脉以
东，今河北、山东、河南北部等地）调取成千上万人到西域屯
戍。[②] 可见，西域的戍兵大多是从内地调去的府兵，虽然免除
了府兵的租调，但是行军所需的军备和军粮都需要自己负担，
从内地到西域路途遥远，每三年才能轮换。西域戍兵白天耕
种，夜晚操练。至玄宗朝时，府兵制的基础已经瓦解，为了解

---

　　① （宋）欧阳修、宋祁撰：《新唐书》卷二二一《西域传上》，中华书局，1975 年版，第
6222 页。

　　② （后晋）刘昫等撰：《旧唐书》卷一九六《吐蕃传上》载："贞观中，李靖破吐谷浑，侯君
集平高昌，阿史那社尔开西域置四镇……于是岁调山东丁男为戍卒，缯帛为军资。有屯田以
资糗粮，牧使以娩羊马。大军万人，小军千人，烽戍逻卒，万里相继，以却于强敌。"中华书
局，1975 年版，第 5236 页。

决边防的巨大压力以及府兵逃亡、军心动摇的问题，唐朝用募兵制取代了府兵制，士兵从轮番服役变成了职业军人，这对于西域的边防产生了极大的影响。"开元二十五年敕，以为天下无虞，宜与人休息，自今已后，诸军镇量闲剧、利害，取丁壮情愿充健儿长住边军者，每年加常例给赐，兼给永年优复；其家口情愿同去者，听至军州，各给田地、屋宅，人赖其利，中外获安。"① 在这种政策下，士兵可以携带家人一起到西域屯戍。官府分配给他们军备、田地、屋宅等，为戍边士兵创造了良好的生产生活条件。唐朝在西域推行屯田制度，并且允许士兵携家属定居，这一举措从宏观上推进了西域的经济发展，保障了戍军的后勤，在微观上则为屯戍士兵的日常生活创造了良好的条件。7 世纪末 8 世纪初，唐朝派往西域的戍兵大约为 2 万—3 万人。据记载，玄宗朝时，安西都护府"镇兵二万四千人，马二千七百匹"。② 玄宗开元年间西域军屯最盛，史载："安西

---

① （唐）张九龄等撰：《唐六典》卷五《尚书兵部·兵部郎中员外郎》，中华书局，2014 年版，第 166 页。

② （后晋）刘昫等撰：《旧唐书》卷四十《地理志三》，中华书局，1975 年版，第 1648 页。

二十屯，疏勒七屯，焉耆七屯，北庭二十屯，伊吾一屯，天山一屯。"[1] 开元年间，新罗僧人慧超法师从中国到印度取经，返回途中经过西域，在《往五天竺国传》中记录下了所见所闻："从疏勒东行一月至龟兹国，即是安西大都护府，汉国兵马大都集处。"[2] 慧超法师所经过的龟兹，是唐朝在西域屯田规模最大的地方。

如前所述，唐朝在西域设置的安西都护府与北庭都护府联结天山南北，互为倚靠，又在安西四镇重兵屯戍，设置了一系列的守捉、戍堡、烽燧等驻防机构。安西都护府不仅掌管西域的军事驻防，其职权范围还包括行政、民事、屯田、贸易等，可以说是西域最高的军政中心，建立起了足以抵御吐蕃、西突厥等势力的牢固的边疆防线。安西四镇的屯田经营地最为出色，不仅能够保障自身的后勤需求，而且还能支援临近区域。这也使得在安史之乱后已经成为大唐飞地的西域依然能够依靠军屯

---

① （唐）张九龄等撰：《唐六典》卷七《尚书工部·屯田郎中》，中华书局，2014 年版，第 238 页。

② 杨建新：《古西行记选注》，宁夏人民出版社，1996 年版，第 116 页。

制度长期维持运转。依靠军事驻防和屯田政策，唐朝对于西域
的治理是成效卓著的，在汉代治理西域的基础上又取得了长足
的进展。

侠

侠客行

李白

赵客缦胡缨，吴钩霜雪明。

银鞍照白马，飒沓如流星。

十步杀一人，千里不留行。

事了拂衣去，深藏身与名。

闲过信陵饮，脱剑膝前横。

将炙啖朱亥，持觞劝侯嬴。

三杯吐然诺，五岳倒为轻。

眼花耳热后，意气素霓生。

救赵挥金槌，邯郸先震惊。

千秋二壮士，烜赫大梁城。

纵死侠骨香，不惭世上英。

谁能书阁下，白首太玄经。

任侠

唐代侠风浓厚，游侠、任侠成为了唐代社会颇为推崇的经历。不仅军功显赫的将领以侠气为标榜，很多文官士子也以少年游侠的经历为傲。例如陈子昂、高适、姚崇等人都曾在诗歌中书写自己少年游侠的时光。然而，唐代最为著名的诗人侠客就是李白。作为一名侠客，武艺当然是必备的技能。李白也是一位武艺高强的侠客。根据裴敬为李白所写的墓志铭《翰林学士李公墓碑》所言："（白）又常心许剑舞。裴将军，予曾叔祖也，尝投书曰：'如白愿出将军门下。'"李白醉心于剑舞，他曾师从裴旻学习剑舞。文宗时期，将李白的诗、张旭的草书、裴旻的剑舞称为"唐代三绝"。李白的一生在行为方式和精神品格上都遵循着侠的要求。《唐才子传》评价李白："喜纵横击剑，为

任侠,轻财好施。"① 李白在诗文里多次提到自己年少时仗剑走天

涯的游侠往事，或许由于他生于胡地，受到任侠风气潜移默化

的影响，侠义精神也塑造了李白豪放不羁的性格。李白在《与

韩荆州书》中提到自己"十五好剑术，遍干诸侯，三十成文章，

历抵卿相，虽长不满七尺，而心雄万夫"。李白的游侠诗里洋溢

着放浪形骸、任侠使气的侠客情怀。作为一名侠客，扶危助困

自然也是不可或缺的素养，这在李白身上表现得淋漓尽致。据

《唐才子传》叙述，李白东游扬州的时候，一旦遇到落魄的公子

便出手相助，不到一年的时间，便散尽三十几万家财。李白的

乐善好施不仅体现了对于有难友人的同理心，更体现了轻财尚

义的侠客精神。他曾与四川友人吴指南同游楚地，结下了深厚

的友谊。两人同游到洞庭时，吴指南不幸去世，李白身着丧服，

就像失去了亲人一样恸哭至泣血。当时正值炎热的夏天，李白

暂且将吴指南埋葬在洞庭湖畔。几年后，李白再次来到洞庭湖

畔，一路背着吴指南的尸骨，赶往他的故乡鄂城，终于将好友

---

① （元）辛文房撰，舒宝璋校注:《唐才子传》卷二，中州古籍出版社，1987 年版，
第 93 页。

安葬在自己的故乡。李白背尸骨还乡的这段故事，说明他在用
行动践行着重情重义的价值取向。在李白的认知中，友情实在
是世间最珍贵的东西，与友谊比起来，"钟鼓馔玉不足贵"，因
而"千金散去还复来"便是李白尚义轻利心态的自然反映。

侠义

李白身上的侠义气质的形成离不开他生活的时代环境。唐代是一个物质文化和精神文化实现了极大发展的时代。唐代拥有辽阔的疆域和繁荣的经济，这造就了唐人极强的民族自豪感。唐代对待多民族文化兼容并蓄的开放态度不仅实现了文化的快速发展，同时也造就了文人豁达的品格。鲜明的时代特征激发了侠义文化在社会中的传播。李白的出现，即生而逢时，高度体现了盛唐的时代精神。

中国的侠文化源远流长，早在先秦时期，侠就成了武人的代表。司马迁著《史记》还专辟游侠列传。所谓游侠，东汉思想家荀悦认为："立气齐，作威福，结私交，以立强于世者，谓之游侠。"[①] 也就是说，游侠就是一群志向相同的人聚在一起，他们恪守道义标准，凝成一体，自强不息。在先秦历史舞台上，有许多游侠的身影，例如春秋时期藏匿赵氏孤儿的公孙杵臼和

①　（汉）司马迁撰：《史记》卷一二四《游侠列传》，中华书局，1963 年版，第 3181 页。

程婴，战国时期的刺客豫让和荆轲等。他们或是替主公报仇，或是为了报效国家，或是为了伸张正义，做出了舍身赴义的英雄壮举，为后世侠客所效仿。可见，先秦时期的游侠的行为源于原始的行侠仗义精神。到了汉代，在门阀政治背景下，游侠往往依附于豪族望门，一些豪族为了增加声望也会招纳游侠作为门客，如此便形成了豪侠群体。但是与此同时，汉代君权统治逐渐加强，加之"罢黜百家，独尊儒术"的思想政策，游侠逐渐被压制。《史记·游侠列传》中叙述的郭解之死便是在这一趋势下的必然结果。至魏晋南北朝，在动荡的乱世时代中，游侠之风再次涌现。值得关注的是，在这一时期，行侠仗义的侠客精神与建功立业的情怀相结合，游侠尤其是少年游侠便成为这一时期乐府诗歌咏的主题之一。例如"白马饰金羁，连翩西北驰，借问谁家子，幽并游侠儿"（曹植《白马篇》）；"燕丹善养士，志在报强嬴。招集百夫良，岁暮得荆卿。君子死知己，提剑出燕京；素骥鸣广陌，慷慨送我行"（陶渊明《咏荆轲》）等，都将游侠视为除暴安良的英雄，大抵是由于时人将安定天下的时代呼唤寄托于勇于维护正义的游侠身上。

　　到了唐代，门阀政治走向衰落，官僚制度不断完善，与豪族相结合的游侠逐渐泯于江湖，但是侠客精神却再次弘扬，并且形成了唐代独特的侠文化现象——众多文人侠客取代了豪侠成为侠客的主体。唐代采取"夷夏一家"的政策，对于边疆族群的文化也采取包容的态度，因而唐代是一个民族大融合的时代。在这样的氛围之下，胡服骑射之风盛行，北方游牧族群的尚武文化也被社会广为接受。初唐统治者也有尚武之习，例如李世民非常擅长骑射和剑术，曾说道："朕少好弓矢，自谓能尽其妙。"① 唐代贤相之一姚崇就曾标榜自己年少时"呼鹰逐兽"的任侠经历。② 可见，唐代帝王自身具有任侠风气，官僚群体也纷纷效仿，任侠文化成为了贵族阶层的一种风尚。许多文人为了求仕走上游历行卷的道路，以游侠经历而自豪，并且将其书写在诗文里。这种人生经历在唐代求仕文人群体中十分普遍，咏侠诗也成为了唐代重要的诗歌题材之一，大部分诗人写过咏侠

---

① （唐）吴兢：《贞观政要》卷一《政体第二》，中华书局，2011 年版，第 5 页。
② （宋）欧阳修、宋祁撰：《新唐书》卷一二四《姚崇传》，中华书局，1975 年版，第 4383 页。

诗。例如卢照邻、陈子昂、孟浩然、王昌龄、李白、杜甫、王维、高适、岑参、张籍、王建、韩愈、柳宗元、刘禹锡等很多诗人都曾创作过游侠诗。在他们的诗歌里，映照着丰富多彩的游侠人生。

唐代侠客并非一个固定的身份群体，其面向十分广泛，只要具备游侠、任侠之气的人都可以被称为"侠"。所以，唐代侠客有豪门望族之后、有武士、有商人、有文士、有街头艺人、有市井游民、有边塞军人、有胡人……这些来自不同的社会群体的侠客们遵循着共同的侠义精神，大体上包括重义轻利、知恩图报、崇尚武功、放荡不羁等，这种精神也在他们的生活方式上得到了贯彻。唐代侠客的日常生活包括"斗鸡飞鹰、走马纵犬、击剑骑射、搏掩饮宴……"①唐代诗人不厌其烦地书写着游侠生活，如李白笔下的"五陵年少金市东，银鞍白马度春风。落花踏尽游何处，笑入胡姬酒肆中"（《少年行二首》其二），五陵侠少聚集在长安城中，各自骑着装饰华丽马鞍的宝马招摇过

_____

① 汪涌豪：《中国游侠史》，复旦大学出版社，2001年版，第231页。

市，进入胡姬酒肆中畅饮尽欢。唐代长安城中放浪形骸的五陵侠少成为了贵族侠少的代表。斗鸡走马不仅是市井游戏，还成为贵族侠少享受现实人生的方式，如"戏马上林苑，斗鸡寒食天"（王贞白《少年行二首》），"相逢意气为君饮，系马高楼垂柳边"（王维《少年行四首》其一）。唐代诗人对于侠少的恣意狂欢的生活方式充满赞赏，这表现出唐代对于现实人生的自信及对个人价值的肯定。

侠之大者

　　唐代继承了魏晋游侠乐府中建功立业的高远理想，游侠怀
揣着建功立业的理想，远赴边塞，将个人追求和家国情怀融合
在一起，成就了边塞游侠保家卫国的历史佳话。唐代的广袤边
疆为游侠提供了绝佳的地域环境，大漠孤烟、鼓角争鸣、辽阔
雄浑的塞外风光是仗剑侠客的天然舞台。边塞游侠的形象在唐
诗中不断地被颂扬"少年负胆气，好勇复知机。仗剑出门去，
孤城逢合围"（崔颢《古游侠呈军中诸将》），诸如"出身仕汉羽
林郎，初随骠骑战渔阳。孰知不向边庭苦，纵死犹闻侠骨香"
（王维《少年行四首》其二），"发愤去函谷，从军向临洮。叱咤
经百战，匈奴尽奔逃"（李白《白马篇》）等。这些诗句里描述
的侠形象实现了升华，游侠一旦走向疆场，为报效国家抛头颅
洒热血，便从放荡不羁的游勇升华至为国为民的侠之大者。

　　《史记·游侠列传》奠定了游侠书写的史传模式。游侠题
材的书写经过后世的沿袭，至唐代发展成为豪侠小说。就体

裁而言，豪侠小说包括传奇小说和笔记小说两种形式。唐代豪侠小说繁荣发展，文本众多，塑造了一个多姿多彩的侠客世界。

昆仑奴

　　报恩故事是唐代豪侠小说的叙事主题之一，这一类小说中的侠客往往出身卑贱但天赋异禀，为了向主人报恩，不惜付出生命的代价。《昆仑奴》就是报恩故事的代表之作。[①]故事发生在大历年间。昆仑奴指的是来自南洋的黑人奴仆，他们体格健壮，性格敦厚，在唐代豪族阶层很受欢迎。崔生家里就有一个昆仑奴，名叫磨勒。崔生的父亲是当朝显僚，与一位一品大员交好。一天，一品大员生病，崔生父亲就差遣他前去探望。在一品大员的府上，崔生见到了大员的家妓红绡女。红绡女姿容绝代，令崔生一见倾心。红绡女送崔生离开的时候，向他传达了密语，她伸出三个手指，反掌三次，然后指指胸前的小镜子，让崔生记住。回到家后，崔生百思不得其解，愁容满面，茶饭不思，只是反复吟着一首诗："误到蓬山顶上游，明珰玉女动星眸。朱扉半掩深宫月，应照璚芝雪艳愁。"昆仑奴磨勒对崔生说：

---

① （北宋）李昉等编：《太平广记》卷一九四《豪侠二》，中华书局，1961 年版，第 1452 页。

"您有什么心事，何不与老奴说一说呢？"崔生便将红绡女之事
告诉了磨勒。磨勒解答了崔生的疑惑，他说红绡女约他十五月
圆之夜到第三院见面。崔生喜出望外，便问怎样才能赴约呢？
磨勒笑答："后天晚上就是十五，你要用两匹青绢做一身夜行
衣。"一品大员府上有一条恶犬，异常凶猛，到了十五晚上，磨
勒提前打死了它，便叫崔生赴约。磨勒背着崔生飞檐走壁，到
了一品大员府上第三院，看到了焦急等待的红绡女。红绡女把
自己的身世告诉了崔生，原来她也是一个富家女，被主人逼迫
沦为家妓，虽然每日锦衣玉食，但是就像在监狱里一般，接着
她请求崔生和磨勒带她逃走，愿意一生服侍崔生。崔生沉默不
语，磨勒却说既然她这么坚定，逃出一品大员府易如反掌。磨
勒先把红绡女的行李背出去，又回来背崔生和红绡女飞出一品
大员府。第二天天亮后，一品大员府才发现红绡女不见了。一
品大员认为自己府上安防如此严密，竟没有发觉，这一定是有
侠客帮助红绡女逃走，为了避免招致祸端，便不再追究了。此
后，红绡女便藏匿在崔生家中。两年后的春天，崔生带着红绡
女出门游玩，不巧被一品大员府上的家丁遇到。一品大员便召

来崔生询问究竟，崔生便把其中经过告诉了他，还强调说都是磨勒所为。一品大员便命令手下兵丁捉拿磨勒，武功高强的磨勒飞出高墙逃走了。十多年后，崔家有人在洛阳城中看到磨勒在卖药。

在这个故事里，昆仑奴磨勒处处为主人着想，勇敢地帮助崔生赴约，又帮助红绡女逃出一品大员府。其所作所为体现了侠客的报恩德行，尽管最后被崔生出卖，也没有回来报复，而是浪迹天涯。

吴保安

　　报恩故事是唐代豪侠小说常见的主题之一，类似的唐传奇还有《吴保安》《无双传》等。《吴保安》出自唐人牛素所撰《纪闻》，被收录于《太平广记》中。[①]吴保安是河北人，任遂州（今四川遂宁）方义县尉。睿宗年间，姚州南方叛乱，李蒙受命为姚州都督镇压叛乱。宰相郭元振向李蒙举荐自己的侄子郭仲翔。李蒙答应了，郭仲翔被任职判官，帮助处理军务。郭仲翔进入四川后，收到了老乡吴保安的来信，信中表达了对郭仲翔的仰慕，说明自己想要晋升但无奈受到官员选拔的限制，将来只能回老家种田了，听说郭仲翔急人所难，重视同乡之情，便毛遂自荐，愿意伴随在他左右为他牵马执鞭，只求一个差事。虽然未曾谋面，但是郭仲翔被吴保安的诚恳所打动，也很同情他的遭遇，便答应提携吴保安，向李蒙请示，任用吴保安为管记。

[①] （北宋）李昉等编：《太平广记》卷一六六《气义一》，中华书局，1961年版，第1214页。

吴保安还没赶到姚州军营，叛乱的敌人就先到了，李蒙率军迎战，不幸全军覆没，自己也战死沙场。郭仲翔也被敌人俘虏，所幸没有被杀，南方叛军拿他当人质索要赎金，因而允许人质和亲人通信。郭仲翔便写信给吴保安，在信中讲述了李蒙将军战败、自己被俘虏的来龙去脉，他说自己被南方驱赶放羊很像苏武，在南方之地受尽了苦难，期盼有人能够帮助他赎身。由于郭仲翔是宰相的侄子，需要缴纳一千匹绢做赎金才能将其释放。他在信里拜托吴保安把信转交给郭元振，让伯父早点赎他回去。

吴保安收到信后非常痛心，当时郭元振已经去世了，他决定以一己之力营救郭仲翔。他变卖了自己所有的家产，换了两百匹绢前往巂州，十年都没有回家。十年里，他竭尽所能经营买卖，挣的钱全部攒起来，最后攒了七百匹绢，还是没攒够一千匹绢。吴保安为了营救郭仲翔，与家人也失去了联系。他的妻子带着孩子寻找吴保安，在路上吃完了粮食，坐在路边哭泣。姚州都督杨安居遇见了她们，经过询问了解到吴保安的奇人奇事。杨安居接济吴保安妻子，还亲自找来吴保安。他被吴保安仗义酬恩的行为所感动，从仓库中借出四百匹绢帮助赎回郭仲翔。吴保安立即取了绢赎人，两百天后，郭仲翔终于逃了出来。郭仲翔答谢过杨安居，便去四川寻找吴保安。可他找到的竟然是一个墓地。吴保安与妻子死在彭山，被埋在权窆寺里。郭仲翔悲恸欲绝，披麻戴孝从蜀郡光着脚来到彭山，祭奠完毕后将吴保安夫妻的尸骨厚葬，并且立碑记录他们的功德。之后，郭仲翔在坟旁盖了一间茅屋，守灵三年。吴保安与郭仲翔，这两个没有缘分见面的人，用忠义书写了一段绝世佳话。

《吴保安》中的报恩故事还被《新唐书》采入《忠义传》中。①

---

① （宋）欧阳修、宋祁撰:《新唐书》卷一九一《忠义上》，中华书局，1975 年版，第 5509 页。

聂隐娘

　　在以男性侠客为书写对象的作品中，男性身上的侠义品格
似乎是与生俱来的，不同于以男性为核心的豪侠小说，女侠书
写往往会叙述女性成为侠客的原因，即女性习得侠义品格的过
程。这在《聂隐娘》中得到了鲜明的表现。①

任熊绘《聂隐娘》②

　　① （北宋）李昉等编：《太平广记》卷一九四《豪侠二》，中华书局，1961 年版，第 1456—
1459 页。

　　② 任熊：《剑侠图传》，河北美术出版社，1996 年版，第 1 页。

　　聂隐娘是魏博大将聂锋的女儿，原本是一名大家闺秀，被视为掌上明珠。长到十岁的时候，有一个尼姑来聂锋府上讨饭，十分喜欢聂隐娘。这个尼姑便对聂锋说："你把女儿交给我吧，让我来教育她。"聂锋非常生气，把尼姑赶出去了。尼姑说："你就是把她锁起来，我也能偷走她。"当天夜里，聂隐娘便不见了。聂锋派人多方寻找，都没找到。聂锋夫妇日夜思念女儿，以泪洗面。五年以后，尼姑把聂隐娘送回来了，一家人终于团聚。在这五年间，尼姑教她练习剑术、飞行术。聂隐娘已经从一个普通的女孩儿变成了一名剑术高明的女侠，她能够迅速刺杀猿猴虎豹。之后，尼姑认为聂隐娘已经学成，便送她回家了。回家后，一到夜里，聂隐娘便悄悄出门。后来，有一个磨镜子的少年来到聂家门口，聂隐娘对父亲说要这个少年做自己的丈夫，聂锋只好答应。几年后，聂锋病逝。魏博节度使听说了聂隐娘武艺高强，就聘她为左右吏。魏博节度使与陈许节度使刘昌裔不合，便命令聂隐娘刺杀刘昌裔。聂隐娘没有刺杀刘昌裔，刘昌裔收留了聂隐娘夫妻二人。魏博节度使又派了两个杀手暗杀刘昌裔。聂隐娘拼死救了刘昌裔性命。报主恩后，聂隐娘便云游四方。

在裴铏所著《聂隐娘》中，详细叙述了聂隐娘从一个小姑娘成长为一个剑侠的人生经历，她的武艺来自尼姑的传授。聂隐娘不仅学会了剑术，心性也发生了很大的变化，有了自主的意识，不再被世俗的女性道德所束缚，自由地掌握自己的人生命运。聂隐娘能够明辨是非，在魏博节度使和陈许节度使之间的斗争中作出了正确的选择，可见她的报恩与忠义并不是盲目的，而是在自己的价值判断后作出的选择。

.

红线

　　唐人袁郊所著《红线传》中塑造了著名的女性形象——红线。①红线的侠义故事发生在安史之乱后，藩镇割据征伐严重影响了社会稳定。红线原是潞州节度使薛嵩家中的一个婢女，她善弹琵琶，又懂得四书五经，在薛嵩身边管理文书。在一次军中宴席上，红线听到羯鼓的声音非常悲伤，推测击鼓的人遭遇了困难。薛嵩将那人召来询问，击鼓人说妻子昨夜死了，但是自己不敢请假。薛嵩马上让那人回家了。至德之后，河南河北还没有恢复安宁，朝廷命令薛嵩驻扎在淦阳，固守山东一带。战事一过去，军府建立之初，朝廷又命令薛嵩将女儿嫁给魏博节度使田承嗣的儿子，又令薛嵩的儿子迎娶滑州节度使令狐彰的女儿，这样使得三镇联姻。田承嗣有肺病，不耐暑气，他常说："若驻守山东，那里气候凉爽，或许还能多活几年。"田承嗣想要吞并潞州的念头越来越迫切。他选拔了三千勇士，号称

---

　　① （北宋）李昉等编：《太平广记》卷一九五《豪侠三》，中华书局，1961 年版，第 1460—1462 页。

"外宅男"，为吞并潞州作准备。薛嵩知道这个消息后，日夜忧愁，但又想不到什么对策。一天夜里，薛嵩拄着拐杖到庭院里散步，红线随侍，问薛嵩："主人茶饭不思，是因为田承嗣的事情吗？"薛嵩说事关重大，不是你一个婢女能了解的。红线大胆地说："我虽然是一个婢女，但也能为主人解忧。"惊异之下，薛嵩便把疆土之危告诉了红线，薛嵩说倘若自己将镇守的疆土丢失了，那么薛家几百年的功勋都要葬送在自己的手里。红线计策立出，她请缨立即前去探查虚实，并让薛嵩准备一个使者、一匹马和一封问候信。红线迅速变装，把头发梳成乌蛮发髻，身穿短袍，脚蹬便靴，胸前佩龙纹匕首，乔装打扮后向薛嵩拜别，倏忽之间就不见了踪影。薛嵩只得边喝酒边焦急等待。等了许久，红线终于回来了。她悄悄潜入田府，躲过了守夜的卫兵，走到田承嗣的卧榻前，田承嗣睡得正酣，那时她要取田承嗣性命也是易如反掌，但考虑到这样做会招致祸端，便拿了他枕边的金盒。薛嵩派使者连夜前往魏城，给田承嗣送上一封信，信中写道："昨晚有人从魏城来，在您床头拿了一个金盒，我不敢留下，特派专使送还。"田承嗣看到金盒和信，惊骇地几乎晕过去。第二天，他便备了厚礼献给薛嵩，并解释说自己选的那些"外宅男"只是为了防盗，马上就让他们解散回家种地。薛嵩所面临的疆土之难便从容化解。

红线巧用计谋，便为主人排忧解难，还让两地百姓免受战争之苦，这体现了红线的智慧和勇敢。最后，红线功成身退，辞别了薛嵩，到山里隐居修道。

中、晚唐时期，经历了安史之乱后，唐朝国力走向衰退，地方节度使拥兵自重，争斗不断。在这样的时代背景之下，老百姓的生活受到严重的干扰，平民渴望社会安定、政治清明。文人士子有感于社会现实，在传奇作品中将这种愿望寄托在豪侠人物身上。由于老百姓饱受战争之苦，更加期望以和平的方式解决社会问题。红线、聂隐娘等女侠形象的出现，即是这一社会心态的文本反映。

在唐代豪侠小说所创造的江湖里，侠客们武艺高强，或是"路见不平，拔刀相助"，或是惩恶扬善、主持正义……侠客们往往都有离奇的人生经历，他们快意恩仇，同时往往具备极高的道德修养。唐传奇作品中的侠客既在一定程度上超越了世俗的羁绊，又保留了儒家思想中的忠义仁厚的品格。豪侠小说中的人物故事在民间广为流传，成为了后世武侠小说的源头。

任熊绘《红线》①

① 任熊：《剑侠图传》，河北美术出版社撰：《剑侠图传全集》，河北美术出版社，1996 年版，第 1 页。

附录

李白传

李白，字太白，是一位唐代诗人。先世在陇西成纪，据说汉初的飞将军李广是他的远祖，而西凉开国君主武昭王李暠是他的九世祖。

李白的祖辈，据考证住在西域碎叶城，到李白父亲一代时，李氏一族已在此繁衍数年。陇西旧族徙居西域，或许是因为获罪，也或许是因为隋末战乱时期流亡至此，不得而知。大约是在唐高宗在位时期，不知出于何种原因，李白父亲忽而决定携家返回中土，潜居在川蜀地区，并恢复李姓，自称李客。"李"是唐的国姓，而"客"字有"寄居"的含义，由此看来，李客似乎自视为侨居大唐者。关于他的故事，仅有些散碎传闻：有人说他是饱学之士，也有人说他是位任侠，还有人说他是谪戍的罪人。至于这些传闻是真是假，就不得而知了。多年后的青年李白颇有任侠之风，并写有《侠客行》一诗，其中有许多赞扬侠义者的名句，有人便说这是他对父亲早年经历的缅怀，但这无非也是些臆测而已。

李白出生在川中名城绵州境内一个名叫青莲的乡村。李白后来自称"青莲居士"，应该也和他的出生地有关。据范传正说，李白将要出生的时候，李客曾为给他取名而颇费思量。恰逢他母亲梦见了太白星，认为是吉祥的征兆，便给他取了"李白"的名字，并且表字"太白"。华夏在古时候信奉五行之理，因此后世人笃定李白承受了"金"的气运，所以心高气傲，有纵横天地的才华。

当时正逢武周末年。暮年的武曌精力衰退，无力执掌国政，便将政事委托于张易之（五郎）和张昌宗（六郎）兄弟二人。这两人据说都是武曌的男宠，除了相貌出众，并没有什么过人之处，更没有治国的才能，只是凭借武曌的宠信身居高位，专权跋扈，做出了许多残暴不仁的事情。有臣子不满二人的作为，便在暗中非议，却不慎泄露了消息，结果都因此被武曌处死。

武周的国政日渐腐朽，直至引起了内廷的政变。在宰相张柬之的策应下，太子李显等人发动政变，张氏兄弟被杀，并向武曌逼宫，要她退位。年老的武曌最终被迫禅让，而太子李显复辟称帝，恢复了李唐的社稷。不久后武曌病重身死，武周王朝也成为了一段旧事，不复存在。当时年仅二十岁的李唐宗室子弟李隆基，目睹了这次政变的全貌，这也成为后来他夺权成为皇帝的重要经验来源之一。

李显即位后，李唐天子也并未完全安定，帝位几经波折，多次更替：先是这位中宗皇帝李显突然死去，韦后随即临朝称制。但不久后有传闻称李显是被韦后所毒杀，随着这一消息传出，李隆基和太平公主两人迅速以此为由，联手效法曾祖父太宗李世民，在玄武门发动政变将韦后杀死，转而拥立李隆基的父亲李旦为帝。

睿宗李旦，据说是一名简朴淡薄之人。他在位时间仅有三年，在国政上没有太多主见和作为，只是一味听信拥立有功的太子李隆基和妹妹太平公主。但随着时局的发展和野心的增长，这两人之间渐生嫌隙，并最终成为了不死不休的政敌。庸碌的皇帝最终禅让帝位于李隆基，这位少年皇帝在继位后又击败了自己的姑母兼政敌太平公主，并将其赐死家中，由此完全掌握了李唐的最高权力。李唐自开国以来的权力之争告一段落，太平公主是李唐早期萧墙之祸的最后一位牺牲者，这些历史中的血泪已经无处追索与言说。此后，玄宗并未像他的先祖一样对兄弟痛下杀手，这或许与睿宗李旦的仁慈性格有一定关系。后世有人评价睿宗李旦，说他是"不争"的典范，所以子嗣中既有帝王又有追封者，又有享之不尽的福报与兴盛。

李隆基掌权后，开创了名为"开元"的盛世，这实际是他继位时所定下的年号。李唐迎来了第二个繁荣的治世，这也为青年诗人李白奠定了一展才华的社会基础。在李隆基继位后，国家安定且社会繁荣，年轻的李白也在此时开始了自己的传奇一生。

中宗李显成功复辟之时，李白刚刚五岁。李客对这个儿子十分看重，从小便尽力培养使他成才。所以少年时，李白就已经通识干支纪年；到他十岁时，诸子百家的著作也能够诵读了；到 15 岁，写出的作品如《明堂赋》《拟恨赋》已经名动乡里，舞剑的精绝美妙也为时人所赞许。

少年李白学有所成，就离开家乡，出外游历。他先是在蜀中各地游学，增长见闻与知识。他求学赵蕤，性格受到了此人熏染，日渐潇洒不羁。后世称李白喜击剑、纵横之术，有任侠之风，这些听起来出尘脱俗的习性，大致就是在这一时期萌生的。随着年龄渐长，李白逐渐由一名普通的富家子弟，蜕变成为了后来那位"自称臣是酒中仙"的绝世才子。魏晋时期的名臣傅玄说："金木没有固定的形态，方圆也是随时而变化的，也有一些习惯和本性，是经过了矫正才得以形成。事物靠近朱砂会变红，靠近书墨则会变黑。"李白早年求学蜀中的经历，大约就是验证这一道理的典范吧。

到 24 岁那年，李白终于"仗剑"离开故乡，前往各地游历。一年后，唐玄宗在泰山举行封禅大典。盛世之景初现，大唐王朝呈现出一片繁盛与恢宏的气派。大约是因为国家的昌盛激发了李白的志向，他此时踌躇满志，写下了《大鹏赋》一文。赋中说：大鹏或在大地上疾驰，或在空中翱翔，又或横飞云霄。穿越大海，能够激荡起三千里的波涛，然后突然腾空而起，向着那九万里的高空疾飞而去。这是年轻人高远志向的表达，也是青年李白激荡情怀的反映。李白后来也曾在诗文中多次以大鹏自喻，似乎是将其视为自身精神的象征。后人认为，李白在这一时期的文采，已经和屈原所作《离骚》的水准相去不远了。

李白初离巴蜀，乘舟沿长江东行。途经天门山时，曾写下了"两岸青山相对出，孤帆一片日边来"的名句，这虽然只是一句简单的勾勒，却也传诵千年不朽——可见此时的李白诗才已成。绝世的才华让年轻的李白志得意满，但青年人对人生的认识往往浅薄，家境富裕者尤其难以自持。李白一生洒脱不羁，又喜好交游，据称他曾在游历扬州时周济天下，挥霍度日，很快散去三十万金，也曾一度借贷度日。曾有后人怀疑李白是否有如此多的钱财用于挥霍，但从他"小时不识月，呼作白玉盘"的诗句中，大约可以看出李氏家族的富足，所以这件事或许也并不需要过多的猜测与推敲。

李白一路顺江东下，沿途结识了许多志同道合的朋友，比如陈州的李邕、襄州的孟浩然，他们都是李白年轻时结识的。除了在文苑中交游，此时的李白还曾一度沉迷于求仙，并与许多隐居道士交往密切。据说李白有一位叫作元丹丘的道士朋友，被他视作"长生不死的仙人",但这个人并没有在李白的诗词以外留下其他记载。但李白对求仙的痴迷却广为人知,为追寻仙道,他曾一度在各地的名山大川之中追随道士修炼,寻求长生之道,但他偏又渴望功名,且生性好酒,并不能长久甘于枯燥的隐居生活,于是不久后就又重新下山游历去了。

开元十五年,李唐正忙于和吐蕃交战,关外也有契丹不断袭扰,边疆地区很不太平。此时的玄宗正值盛年,勤于政务。在他的运筹帷幄以及各方文臣武将的辅佐之下,边患逐一得到了平定,国家也得以继续安享太平。此时仍在四处游历的李白,有一天忽然心血来潮,想去看一眼司马相如赋中所提到的"云梦泽",便立即动身前往湖北安州。千年的光景可以使曾经的大海变成田园,也能够令万仞的高山成为千丈的深谷。昔日的云梦大泽如今早已不见,但年轻的诗人却因为一时兴起的出行而遇到了自己的结发妻子。

曾经的李唐宰相许圉师,他的后人恰好居住在湖北安州,许公的孙女许氏,正是当嫁之年。据称,在孟浩然等友人的撮合下,游历至此的李白因缘巧合,成为了许家赘婿。初为人夫,加之天性洒脱，婚后的李白在安陆郡整日饮酒作乐，经历了数年蹉跎岁月。不久后，李白便离开安陆郡，前往各地求取功名。在此期间，年近不惑的孟浩然计划前往广陵，寻找出仕的机会。李白听说此事后，便和孟浩然相约同游黄鹤楼为之送别，并写下了《送孟浩然之广陵》的名篇。

或许是由于散漫不羁的性格，又或者是因为时机和命运不好，李白在将近十年的时间里并未在仕途上有任何起色。尽管仕途暗淡，但在安陆居住时，许夫人为李白生下一子一女，长子叫作李伯禽，小字明月奴，女儿叫作李平阳。随着一双儿女的相继出生，李白也度过了人生的第三十个春秋。

31 岁时，李白再次进京。但很快便花光盘缠，于穷困潦倒之中浪迹长安城。李白与市井之人交往，但某次不知为何，一度为街头浪子欺侮威胁。面对恶徒的围攻，李白幸得好友陆调相救，才得以平安脱身。后来陆调升任江阳县宰，数年后李白回忆起这段往事，故人旧事历历在目，于是挥笔写下了"中途不遇人，直到尔门前。大笑同一醉，取乐平生年"的诗句赠予陆调，以纪念两人多年的情谊。

唐代的科举制度日臻成熟，但却对考生的出身背景有着较为严苛的要求。后世曾有人疑惑李白为何不愿意科考入仕，这其中的原因其实就与他"商人之子"的身份有着直接的关系。为施展自己的政治抱负，李白在多年间往返于京、洛、太原、安陆等地，拜谒各处的官员，其中不乏像苏颋、章仇兼琼这样的地方大员。李白虽然也曾得到他们的推荐，却往往因为各种原因而最终事与愿违。不过多年间的交游还是帮助他拓展了人脉，也增加了他的阅历。而他用来拜谒朝臣的部分诗词也逐渐流传开来，其中有一些脍炙人口的佳句，为时人所传颂。据说他在多年求官无果的心境下，写出了《行路难》这样的名篇——尽管诗词中尽显怀才不遇的愤懑与不甘，但这些诗词中激荡的情怀与高远的意境无疑进一步提升了他的文名。

在李白陷于失意与颓唐的时候，大唐的盛世之局也逐渐产生了一些变化。其实李唐自开国以来，多有明君。太宗李世民在位时，虚心纳谏，麾下更是有众多名臣，如直言进谏的魏征、危言正词的王珪、运筹帷幄的房玄龄、能断大事的杜如晦，等等。太宗本人也"从善如流"，常与诸大臣商议国事，制定国策，最终开创了李唐"贞观之治"的局面。太宗对政事的勤勉以及虚心纳谏的态度，是这一局面产生的重要原因，这也是李唐自开国以来所保持的重要行政传统之一。玄宗初即位时，也时常注重纳谏，曾先后任用姚崇、宋璟、张说、张九龄等人为相，故而开元盛世终得呈现。但随着年深日久，玄宗也已到了不惑之年。当年那个励精图治的青年皇帝，如今也在每日繁杂重复的政务中渐渐失去了进取之心，转而沉迷他物以及奢靡淫逸的宫廷生活。至开元末年，随着玄宗对朝政越发倦怠，最终将国政要务大都交托给才疏德薄的宰相李林甫，后世通常以为，这是盛唐转衰的重要预兆。

乱世已在繁盛中埋下了种子，但身处其中者却浑然不觉。开元二十八年，玄宗命儿媳杨氏出家为道士，道号太真，后来又将她召入自己的后宫中，宠爱无比；同年，李白的发妻许氏夫人因病去世，他不久后移居山东，依然在四处拜谒或寄信给各地官员以求提携引荐；有一名叫安禄山的胡人进入了玄宗的眼中，他的忠心看起来无可挑剔，日渐受到玄宗宠信，第二年即被任命为平卢军使，成为了一方军事大员。此时，距离他挑起那场震动天下的安史之乱，仅剩下十九个年头。

又一年后，玄宗大赦天下，改元"天宝"。正是在这一年，李白受到了玄宗的征召入京，开始了一段巅峰政治体验。他此次能够得偿所愿，自然与多年来与各方官吏的交游有着极大的关系——或许是因为玉真公主感慨于他所进献的《玉真仙人词》，也或许是因为贺知章惊叹称他为"谪仙人"，又或许是由于道士吴筠被他一心向道的诚心所打动，还或许是因为玄宗多年来不断要求地方官员拔举贤才的诏令创造了机会——总之，李白多年来的夙愿终于在此时得以实现，他在快意中写下了"仰天大笑出门去，我辈岂是蓬蒿人"的诗句。时至今日，他已经四十二岁了，距离他离开蜀中业已近二十年。

天宝元年（742年）秋，李白奉诏入长安。玄宗初见李白，亦为其才华所动，对他十分欣赏。李白的族叔李阳冰，在多年后回顾当时此景，称玄宗曾赐给李白镶满七彩宝石的坐具，并为他亲手调羹，这可以看作人臣能够得到的最高礼遇了。君臣初次相见，相谈甚欢。最终玄宗决定让李白担任翰林院供奉——这并不是一个有实际业务的职位，只是一个虚职。自此，李白开始常伴玄宗身侧，撰写诗文以供其娱乐。这一结果或许与李白的志向与预期并不相符，但这或许也是因为他多年来通过诗文拜谒官员的必然结果。

李白在长安为官期间，写下了许多诗词，其中大多是与宫廷生活相关的浮华文字，比如《清平乐》《清平调》以及《宫中行乐词》之类，基本都是奉诏所作。尽管这些诗句在字里行间依旧显露出李白那令人惊艳的诗才，但也无非是为君王冶游助兴的弄臣之词罢了。曾经那些惊世词句中的大鹏之志，在这时业已消失得无影无踪。这固然是因为李白在奉诏入宫之后的生活际遇发生了巨大的变化——他已不再是那个游历各地的青年诗人，身处帝京宫苑，心境也难免会有所改变。但更为重要的一点是，此时他作为御用词臣，所作的诗词势必要满足玄宗以及诸多皇亲贵戚的预期。这当然是他二十年来苦求功名，最后求得的结果。但在他内心深处，这一结果带来的究竟是辛酸还是喜悦，或许已经无法再去探究了。

李白原本就是恃才傲物之人，很快就因此得罪了不少朝中之人。在成为翰林供奉的第二年，李白对于自己御用文人的身份日益厌倦，于是时常纵酒作为排遣。他整日与贺知章、李适之、李琎、崔宗之、苏晋、张旭、焦遂等人饮宴作乐，时人称他们是"醉八仙"。他甚至在玄宗传召时也不去觐见，那些厌恶他的人借机向玄宗说他的坏话，于是玄宗也渐渐对他疏远了。又过了一年，李白自己也明白，他不会再得到朝廷的重用了，于是决心向玄宗请辞离开长安。玄宗同意了他的请求，并赐给他金钱让他回去。

李白离开长安后，前往洛阳游历，在那里他认识了杜甫。这时的李白似乎转变了求取功名的心性，开始一心求道。他与高适、杜甫二人结伴同行，在河南、河北一带寻仙、修道，后来又到山东。

李白离开后，长安的政局也在不断地变化着：宰相李林甫的权势越来越重，他不断地排除异己，很多与他政见不合的官员都受到了打压、放逐，甚至获罪被杀，就连一些重要的边防守将也在他的建议下被撤换；玄宗对杨太真更加宠爱，最终加封为贵妃，她的兄弟姐妹也都得以加官晋爵，特别是其中一名叫作杨钊的堂兄，因为善于逢迎，玄宗对他的宠信也越来越深厚，最后竟为他赐名"国忠"，在李林甫死后，杨国忠继任成为新的权臣宰相，开始执掌朝政，在他的把持下，国家大政也变得越发废坏腐败；安禄山谀媚朝臣，又自请做杨贵妃的义子，于是在玄宗面前越发得宠，数年间多次获封高位，到后来甚至兼任卢东、河东、平卢三镇节度使，麾下领有精兵、战马二十多万，控制了黄河北部的大片区域，他在暗中积蓄战马和粮草，为谋反叛乱做着准备。

乱世到来之前的大唐，盛世之景也依然笼罩着广阔的长安城以及皇帝的内心，尽管此时的大唐已经破败如棉絮，但外表的繁华却让玄宗不肯也不愿相信这一切会走向终点——唐军在边地的败绩传到玄宗耳边时已经变成了"捷报"；那些谏言之臣所陈述的安禄山反叛迹象也只不过是"小人的诋毁与污蔑"。在玄宗眼中，花萼相辉楼前的牡丹花与贵妃的倩影美好依旧，似乎这种生活可以持续到苍天荒秽、大地衰老一般。

而在这所谓大唐盛世即将结束时，离开长安后的李白已经开始了另一段游历生活。他先是和杜甫同游山东，之后写下"飞蓬各自远，且尽手中杯"的诗句为杜甫送别；后来忽然有一夜做梦，梦游江南天姥山，又写出了"安能摧眉折腰事权贵，使我不得开心颜"的名篇。这时的李白似乎终于摆脱了青年时代以来对功名的孜孜以求，开始用诗、酒以及世间美景作为自己的精神寄托。

李白不久后告别山东诸友，孤身前往江南。他先是游历了扬州、金陵、丹阳、吴郡等地。随后，他去会稽凭吊了故去的贺知章；去台州登上了天台山；在庐山看到了飞泻而下的瀑布；去嵩山探望了好友丹丘生。值得一提的是，在此期间他还迎娶了自己的第二任妻子宗氏。五年的时间在游历中匆匆过去，李白此时也已经是年过半百之人了——人生已经过去了一半，他似乎即将在这种平静的生活中迎向终点。晋代的陶潜曾经在一篇文章中表达自己的心意：富贵不是我的追求，我也不期望有朝一日能够抵达仙乡。我要么爱惜美景独自去欣赏，要么扶着拐杖去种稻除草。登上东边山坡时纵声长啸，在清清溪流旁边时就吟唱诗词。就顺应自然地接受变化，直到生命的尽头吧。这是极为高远却又朴实的生活意境，此时的李白或许也是能够体会到的吧。

然而世间之事的发展都无法预知，并不总是随着人的意愿而发展。在李白五十五岁那一年的冬天，他在一次游历中忽然听到了北方传来的消息：蓄谋已久的安禄山，伙同平卢兵马使史思明一起发动叛乱，以铲除奸臣杨国忠的名义对唐开战。李白只好匆匆带着妻子一路南下，沿路历时一年，在曲折辗转多地之后，最终抵达庐山暂避战火。

自开国定鼎以来，大唐的百姓已经有数代未曾经历过战火，面对蜂拥而至的叛军，许多州郡无力抵抗，望风而降，安禄山的军队很快便攻克了很多城池，剑指洛阳。此时的玄宗才终于认清了安禄山造反的事实，匆忙派出军队抵御叛军。安禄山的军队多为边军，久经战阵，又暗中操训、准备多年；而久未经历战争的唐军战斗力低下，一时之间难以与之对抗，接连打了很多败仗。不久后洛阳也被叛军攻占，以铲除奸臣为由起兵的安禄山，此时看到唐军软弱，于是便褪去了伪装，在洛阳迫不及待地自称皇帝，国号"大燕"，改元"圣武"。随后又进一步向长安进军，很快就打到了长安东面的潼关。

两军在潼关对峙。安禄山派出小股部队引诱唐军出关。玄宗并不擅长军事作战，面对叛军进犯，只是不断催促唐军出击迎敌。唐军的统军大将哥舒翰多次劝谏说："安禄山长期统兵，又刚刚称帝，不会毫无准备来犯，一定是引诱我军的计策。贼兵远道而来，马上作战对他们有利，我军应该坚守，不要轻易出关作战。"但玄宗不听，逼迫哥舒翰出击。结果唐军果然中计大败，哥舒翰也被俘，潼关落入了安禄山手中。

玄宗接连的决策失误致使他对战局失去控制，只能仓皇出逃。离开长安数十里后，随行军队发生了哗变，杀死了宰相杨国忠，之后又逼迫玄宗处死杨贵妃。之后玄宗一路逃至蜀中，长安也在不久后被安禄山占领。百年大唐似乎在一瞬间换了天地，乱世的烽火遮蔽了曾有的繁华与宁静。

当安史之乱的大幕完全拉开，新的英雄也在各地乘势而起：太子李亨即位于灵武——他就是唐肃宗。肃宗节制北方军队继续征讨叛军，以广平王李豫、朔方节度副使郭子仪为正、副元帅，李嗣业、王思礼为将，率领朔方兵马东征叛军。在回纥军的帮助下，唐军一战收复长安；永王李璘受命担任山南东路、岭南、黔中、江南西路四道节度使，南下江陵，占据江东，已隐约有争雄之势；而玄宗则被肃宗遥尊为太上皇，在成都城中避难。

原本隐居庐山的李白，在此时忽然收到了来自永王李璘的邀请，希望他出山来担任幕僚。此时的李白十分犹豫：永王身为四道节度使，此时手握重兵，又占据广大疆土。他到任后，先是在江陵大肆招兵，又以"东巡"为名沿长江而下，就连肃宗诏令他前往四川也没有从命，反而率军进攻广陵等处——这已经是等同于谋反了。李白或许也意识到了这一点，但面对永王多次发来的聘书，他最终还是选择了答应，成为了永王幕府中的一员。

在永王幕府中为官时，李白曾写有《永王东巡歌》组诗数首，歌颂永王李璘的功绩，同时也抒发了自己的报国情怀。这也成为了他后来百口莫辩的"助逆"证据。而仅仅过了一个月，李璘就因擅自率军东进招致唐军讨伐，并很快兵败当阳，在乱军中被杀。李白作为永王的幕僚，自然也受到了牵连，很快在浔阳被捕入狱。所幸他旧时的朋友崔涣、郭子仪以及宋若思等人大力营救，最终帮助他避免了死罪，只被判处流放夜郎。

李白获罪后，从浔阳出发前往夜郎。他沿途在江夏拜访了李邕的故居，这位以书法而名满天下的李北海，早年因为得罪权相李林甫，在十年前被杖杀；随后李白又再一次登上黄鹤楼，眺望了远处的鹦鹉洲——曾经与他同游此地的孟浩然，竟然也已经因病故去十八个年头了。如今的李白孤身一人，身边不再有送别的唱酬，也不再有能与故人同饮三百杯的美酒。

当李白途经三峡时，恰逢肃宗决定大赦天下，许多获罪之人都得到了赦免，李白也在此列之中。在欣喜之余，李白掉转船头，乘舟南下，决定返回江陵。他的内心十分欢喜，在途经三峡之时，写下了《早发白帝城》这一千古名篇，诗中那天边飘逸的彩云，和那些在长江两岸啼叫的猿猴，似乎也是在与这位年逾花甲的诗人道别。而李白所乘坐的那一叶扁舟，也在这道别声中载着他一路向江陵而去了。

肃宗收复长安后，在郭子仪等人的襄助下，最终平定了安史之乱。大唐似乎正在逐渐恢复昨日的荣光。但是，破碎的镜子终究难以重圆，凋零的花朵也不会重返枝头。此时的大唐虽然看似宁静，但在安史之乱中趁机崛起的地方节度使势力，却正在暗中积蓄力量，等待下一场叛乱的机会；玄宗从成都返回长安，在兴庆宫中凝望着杨贵妃的画像只剩下唏嘘。纵然长安依旧，但有些时光和故人却再也不会回来了。

李白返回江陵后，又在各地游历了两年，并有过再次出仕的念头，但多方请人引荐，都没有结果。后来他在贫困之中病倒，只好前往族叔当涂宰李阳冰家中寄宿养病。抵达当涂的第二年春天，李白在病中最后一次出游，游历宣城、南陵。返回后病情日益加重，他知道自己将不久于人世了，便将平生的著作都托付给李阳冰，请他妥善保管。数月后，李白病重弥留，在临终前写下了《临路歌》一首，就溘然长逝了。

关于李白之死，《旧唐书》还有一种说法：李白在宣城游历时喝了太多的酒，结果醉死。这种说法大概是因为当时消息闭塞，又因为李白好酒，以讹传讹导致的，也并没有太值得考究的地方。而相比之下，在这种说法之上衍生出的民间传闻，对李白之死的讲述就更加浪漫一些：据说李白有一天在当涂的江中乘舟饮酒，到了晚上，月亮映照在江面上，李白因为酒醉，就跳入江中去捕捉月亮，结果不慎溺死。这传说虽然略微有些荒诞，但听起来这种行为却与李白的性格似乎相符，所以这种说法在后世也经常为人津津乐道，颇有一些赞赏这位"谪仙人"的意味隐含在里面。

在李白去世的那年，玄宗、肃宗两位皇帝也先后走到了生命的尽头。肃宗的儿子李豫即位，就是唐代宗。代宗继任后不久就为永王平反，还打算征召李白入朝为官，担任左拾遗的职位。但消息传到当涂时，李白已经去世一段时间了，无法亲身体会到平反的喜悦。

李白虽然身死，但他的事迹和诗歌依然在世间流传。世人似乎对这位"斗酒诗百篇"的诗仙有着一种莫名的崇敬与欣赏。这一方面固然是因为李白流传下来的诗作文采斐然，有着超凡脱俗的意境和令人心潮澎湃的激情；而另一方面，或许是因为世人对他那份潇洒不羁的豁达心性的欣赏。人没有长生不老或者永生不死的，唯独精神可以流传千年而不腐朽。这一点就李白的故事来说，似乎就是最好的印证了。